谨以此书献给

所有女性，

愿你们腾出点时间关爱自己的乳房，

少恐惧，少走弯路。

30年临床经验的乳腺科专家
王文华 著

乳房健康书

女人这样做，
就能挺得起、不长瘤、美到老

江西科学技术出版社

作者序

腾出点时间爱自己

1981年，我走出校园，被分配到基层的妇幼保健院从事妇产科工作，为了提高自己的工作水平，后来又去上海华山医院进修乳腺科，风风雨雨这么多年，就一直从事乳腺科的工作，从一开始被聘到武警总医院，到现在的国防大学中医门诊部。

时至今日，我从事乳腺科的工作已近30年了，这些年的临床工作，让我见到无数深受乳腺病困扰的女性朋友。每当接诊一个病患，为她解除病痛，重现美丽，我的心里都有一种巨大的成就感；每当听到患者亲切地称呼我“王大夫”，那一刻我的心里都无比热爱自己的工作；每当她们把我当做最知心信赖的人，细细对我诉说自己的病痛，我都会自然而生一种责任感。

为了帮更多的女性朋友尽一份力，三年前我开设了博客和微博，凭着自己多年积累的临床经验和专业知识，利用休息时间为大家解疑答惑。很值得欣慰和让我自豪的是，我得到了很多网友的关注和支持，如今我微博上粉丝众多，也成为了新浪育儿的母乳喂养指导访谈专家。

现在的我似乎已经患上了微博依赖症，每天不管多忙，都会打开微博看看大家的问题，每次帮大家解决病痛，看到她们感激的文字，我都开心不已。我开始离不开网络，很多女性朋友也离不了我，我越来越想帮助更多的女性走出乳腺疾病的困境，于是才有了这本书的出现。

我年轻的时候，也患过乳腺增生，我也没吃药，就通过调整一些不良情绪和生活习惯，再配合穴位的点压等方法，慢慢就好了。

我的母亲曾撞伤乳房被误诊为乳腺癌，我的一个姨也是乳腺癌患者。

亲人们的病痛，使我更能切身体会到患者的感受。刚开始做乳腺专科医生的时候，每当诊断出一个新的癌症病患时，我心里都不好受，尤其是看到病人拿到报告时伤心的眼泪和家属愁云密布的面孔。

有时也会为一些癌症病人感到惋惜，有的女孩在最美丽的青春年华，却被诊断出乳腺癌。一经确诊，随之而来的就是手术切除和术后的化疗、放疗，整个身体垮了，有的家庭也破碎了。这时，我常常恨不得能时光倒流，到那最早的时候，教她自检、催她体检、多学些乳腺知识、时时爱惜自己……其实说实话，要做到这些根本就不难，有些悲剧根本就不必发生。

曾有一个年轻的男孩子带着新婚不久的娇妻来向我求助，这个同样年轻的女孩子不幸罹患了乳腺癌，一发现就是晚期了！我给她做完检查，一问才知道，这女孩胸部一直有一个很硬的肿块，时而疼一下，好几年了，女孩子一直没有在意，也没有乳头溢液的情况。

到了现在这种情形，就只能切除乳房了。那是我亲自主刀为她做的手术，手术前我去看望她，一脸苍白的女孩温柔地望了一眼自己的老公，牵着我的手道："王大夫，你待会儿要轻一点哦，我最怕疼了！"我背过身去，强忍住马上要涌出的眼泪，毅然转过来，笑看着这对几乎还没有品尝过生活滋味的小夫妻："放心吧！不疼！"

一转身我就走出了病房，靠着洁白的墙壁簌簌流泪。如果上天再赐予我多一些的能力该多好，那一刻，我有一种深深的无力感。像这样的故事，几乎每一天都在全世界的女性身上发生，如果我是天使，我愿打开自己的翅膀，抚平所有女孩的创伤。

一个人一生可以做很多事，也可以只做一件事，我所做的就是抚慰、疗愈每一个来向我求助的女性朋友的乳腺病痛。一直觉得女人的乳房是身体最美丽的部位，高耸的山峰，莹润光泽，是男人最梦幻的想象和依恋，是哺育婴孩最伟大的器官。

乳腺与子宫、卵巢一脉相连，一根藤上三个瓜；乳腺与气色、身材息息相关，养好乳腺，肤色美、身材惹火；乳腺与幸福、性福休戚与共……

乳腺是我们心灵的展现屏幕，一个时时鲜活开朗的女生，一个事事懂得纾解调节的女生，是很难患这些乳腺疾病的，因为乳房与生气、压力存在直接关系。

用中医的说法，乳房走肝经，肝气郁结、肝火旺盛者自然乳房也会出问题，所以我想对所有的女孩子说："这世间的所有一切都可能是你的压力，但如果没有了身体，这些压力又算什么呢，你所追求的东西又意义何在呢？"

压力倍增的时候，给自己一份可口健康的食物；孤寂伤心的时候，给自己一个快乐起来的理由；无所事事的时候，不妨做一些有益美体的运动；擦亮自己的双眼，为自己收获一份美丽的爱情……

现在，我以多年的积累，针对母乳喂养妈妈的乳腺炎等众多问题，独创了特别的无痛治疗手法，还摸索出了降低将来患乳腺癌和乳腺病几率的好方法，深为大家所信赖，门诊的哺乳期妈妈踏破门槛。

我看病有个原则，不手诊检查病人不开检查单，尽量少开药。很多乳腺病患一进诊室，就要求做 B 超、CT、钼靶等检查。而我总是先检查病人，再决定是否做检查。对于根本不需要做检查的人，我就告诉她："你根本不需要做检查，滥做射线检查，反而容易致癌，没必要吃的药对肝肾影响也很大，省下钱去孝敬孝敬你的父母吧！"

不该做的检查坚决不做，不该开的药坚决不开，这是我的底线。有的人跟我说："我不怕花钱，你给我用最贵的药吧。"我总是这样回答："最贵的药未必是最好的，最合适你的药才是最好的。"

我并不擅长华丽的辞藻，这本书里，我只是以最平实简单的文字、形象的比喻和图画，希望所有的女性能抛开那些专业的医用术语，真正读懂了解自己的乳腺及其各种病症，并将自己多年积累的保养秘方呈献给大家，愿所有的女性爱惜自己的乳房每一天。

我是一个最最普通的医生，既没有什么值得炫耀的，也无多大成就，我只愿真诚地对待每一个需要帮助的人。医学太过渊博，从医时间越长越发对其敬畏，我很欣慰自己一直在路上。

王文华

2013.9.11

推荐序

愿天下女人拥有健康和美丽

现代女性活跃在社会生活的各个层面。尽管生活越来越多姿多彩，但随之而来的压力也越来越大，因此女性的健康显得尤为重要。女性首先应该关注的是“健康”本身。《乳房健康书》关注的正是广大女性朋友们应该注意，却往往忽视的乳房健康。

女性的乳房永远和生命、美丽联系在一起。古往今来，无论是作家精彩的描述中，还是画家细致的刻画中，乳房都被赋予了太多的含义。然而，由于乳房属于女性身体最脆弱的部位，其病变率是非常高的。据资料显示：全世界每天有 3000 多位女性被诊断患有乳腺癌，每天有 1000 多位女性死于乳腺癌，平均每一分钟就有一位女性因乳腺癌而死亡。乳腺癌在女性恶性肿瘤中占据第一位。

而我国女性乳房健康问题更是到了令人忧虑的地步。中国每年新增乳腺癌患者 20 万人，因乳腺癌死亡 4 万人。在 25 岁以上的中青年女性中，各类乳房问题发生率高达 70% 以上。

我们作为中华粉红丝带乳腺癌防治活动的专业机构（www.zhfhsd.com），每天都向广大的女性宣传普及相关知识，但非常遗憾的是女性朋友对乳房保健和乳腺疾病预防意识仍比较差，许多乳腺癌患者没有及早发现病情和得到规范治疗，痛失治愈的良机，造成极大的身体创伤与心理创伤。我们呼吁：防治乳腺癌，观念是第一要素！应“及早预防、及早发现、及早治疗”。参与“三个一”乳腺健康工程，达到预防生活化！把可能出现的健康危机扼杀在萌芽状态。

那么，什么是健康的乳房？怎样才能拥有健康的乳房？

平时我们应该关注乳房的哪些方面？如何进行乳房自我保健？

本书解答的正是这些大家关心，又不清楚应该怎么办的问题。仔细阅读后，你会发现这本书已经为自己的健康生活加上了“非常实用”的一笔，教你如何进行乳房保健，如何预防和应对乳房疾病，如何面对生活的困境……你的困惑都将在这本书中找到答案！

《乳房健康书》告诉广大女性朋友，乳房疾病是可以在日常的生活中进行有效的预防的，坚持几个简单的小动作，就有可能让女性朋友远离乳房疾病。

最后，希望广大女性朋友从《乳房健康书》中获益，并祝愿大家都能拥有健康、美丽的生活！

中华粉红丝带乳腺癌防治活动基金会秘书长

魏新

2013年12月

目录 Contents

第一篇 每 2 个女生，就有 1 个出现乳腺问题

第二篇 你知道乳房会得什么病吗

第三篇 最常见的食物功效最强大

第四篇 这样做，前凸后翘没问题

第五篇 爱乳房，从“自看自摸”开始

第六篇 不要自己吓自己：走出乳房疾病的误区

第七篇 当妈妈啦！我该如何爱自己的乳房

第八篇 特色诊疗室：三十年临床经验，常见乳腺问题解答

第一篇

每2个女生，就有1个出现乳腺问题

“我想我之所以患上癌症，肯定是很多因素共同作用累积的结果，但是健康真的很重要，在生死临界点的时候，你会发现，任何的加班，给自己太多的压力，买房买车的需求，这些都是浮云。如果有时间，好好陪陪你的孩子，把买车的钱给父母亲买双鞋子，不要拼命去换什么大房子，和相爱的人在一起，蜗居也温暖。”

——于娟（海归博士，生于1978年，因患乳腺癌卒于2011年，上海复旦大学青年教师，一个两岁孩子的母亲，留下70多篇“癌症日记”）

“我选择公开我的故事，是因为我觉得还有很多女性或许都没意识到自己可能会患上癌症。

生活充满了挑战，唯有勇敢面对并自我掌控，我们才能克服恐惧。当我意识到这就是我不得不接受的事实时，我决定积极主动面对。”

——安吉丽娜·朱莉（国际影星，为降低患癌风险，切除双侧乳腺）

- 真可怕！不少人得乳腺癌是没有任何前兆的
- 有时候，几十年的感情，也抵不过一个小小的乳房
- 越年轻，生存希望可能越小
- 至少 80% 的女性都是“乳腺无知者”
- 乳腺有问题，请小心子宫、卵巢
- 千万不要以为雌激素越多越好
- ……

真可怕！不少人得乳腺癌是没有任何前兆的

从1981年工作至今，我从医已经30多年了，接诊过无数的乳腺病患者，眼看着她们一个个受到乳腺病的困扰，痛苦不已。其中，一个叫林雅的31岁美女至今仍让我回想起来心悸不已。

林雅婚后没多久就在自己的左侧乳房发现肿块，来门诊后，我问她，之前有感觉不舒服吗？她回答说没有任何感觉。最后，左侧乳房被切除了。一个还没有生过孩子的女人，将来宝宝的饭碗却少了一个。

确实，在我的从医经历中，不少人得乳腺癌是没有任何前兆的。

本该享受花一般生活的年纪，却遭遇这样的悲剧，看到太多这样的女孩子，作为医生的我有一种深深的无力感。

有时候，几十年的感情，也抵不过一个小小的乳房

曾有一个患者给我讲了她妈妈的事情，让我非常震撼，可想想似乎也可以理解。她爸爸妈妈感情一直都不错，可后来她妈妈得了乳腺癌，切除了一侧乳房，不到半年，她爸爸就离开了她妈妈！几十年的感情，也抵不过一个小小的乳房！

我相信天下所有的男人都很在乎女人的乳房，乳房是男人对女人最真实美丽的期待和梦想。切除了乳房的女人心理肯定会发生巨大的变化，男人不能适应她突然改变的性格脾气，不能接受自己的妻子是一个不完整的女人，夫妻感情和性生活都会受到影响，久而久之就会产生距离和隔阂。这天下全心爱一个女人，什么都不在乎的男人又有多少呢？

据权威医学资料统计，全球大约每13分钟就有1人死于乳腺癌，乳腺癌已成为威胁当代人健康的主要疾病之一，并且随着发病率的增加，死亡率也逐渐上升。

近十年来，我国城市中乳腺癌的死亡率增长了约39%，乳腺癌成为威胁女性健康的最大疾病，位居各大城市女性肿瘤疾病的第一位。一些一线城市更是乳腺癌发病的高危区域。尤其更值得注意的是，中国女性乳腺癌患者都有一个特征：发病年龄低，高峰年龄仅为35 ~ 49岁！

以我的切身经历来说，如今我在门诊，有时候一天接诊几十个患者，最多时查出过7、8个乳腺癌！

越年轻，生存希望可能越小

2008年的一天中午，我正在门诊午休，一位年轻的姑娘走了进来，很温和地对我笑笑，拿给我一份病历。我一看，乳腺浸润性导管癌！

这位姑娘已经做改良手术一年了，当时病理检查结果是：淋巴结8个转移，雌、孕激素受体阴性，人表皮生长因子受体强阳性。简单说吧，这位姑娘的乳腺癌很难治愈，且特别容易复发转移。

我看病历上并没有写年龄，便问道：“姑娘你多大了？结婚了没？”她笑笑：“我24岁。”我吃了一惊，一时悲从中来，这样一个漂亮大方的女孩子竟然遭遇如此厄运！

接着她告诉我说感觉现在很不舒服，似乎做手术的左侧乳房刀口皮下又长了肿块，而且右侧乳房也发现了同样的肿块！我给她做了检查：刀口上方有一个大约1.5cm大小的肿块，较硬，不太规则，色红；右侧乳房上方可触及一个1cm大小的肿块，不规则，较硬。依据我多年的临床经验，我感觉是复发结节，且已经转移了。

我拍拍她的肩膀，强忍住自己的惋惜和痛楚，约她下周来做穿刺，后来她的穿刺病理结果出来了：乳腺癌术后局部复发，对侧转移。拿着这报告我心里沉甸甸的，在想着怎样委婉地将这结果告诉她。很多事情就是这么残忍，在还没有开始的时候就面对结束，在这样美好的年龄，世界却似乎已经抛弃了她。

对于乳腺癌患者来说，年龄越小，生存希望可能也越小。年轻人的新陈代谢快，若是哺乳期间则机体更活跃，癌细胞受到的刺激也更明显，发生转移的几率就更大。因而即使是很小的肿瘤在年轻人的身上也会快速生长，后果不堪设想。

乳腺癌一般是在不知不觉中形成的，早期无明显症状，最常见于乳房外上方及中心部位，偶尔发现乳房硬块，痛感很少，这时候患者往往丧失警惕，误以为是炎症或者经前的乳房变化而延误诊治。其实如果早期发现我们还可以保乳治疗，一旦到了晚期，就必须全切。

如果发现单侧性乳头有血性溢液，应马上就医；另外，由于腋下淋巴结是乳癌的最早转移部位，如果发现腋窝处有肿物时也应就医。

下图是 1977 ~ 2010 年，仅北京地区女性乳腺癌发病率的大致数据图表：

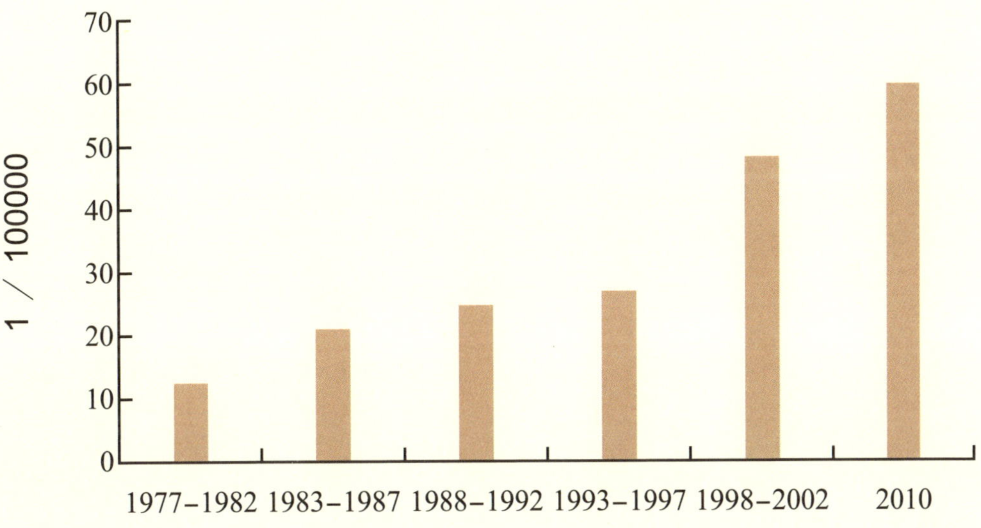

2012 年，某体检机构针对超过 11 万的职业人进行体检报告分析，显示：**超过 70%** 的都市职业女性患有乳腺良性疾病。这些良性疾病的存在，像女性身体里的一颗**定时炸弹，为将来乳腺癌的发病埋下危险的伏笔**。

2013 年 3 月，**中国人口协会**发布了《**中国乳腺疾病调查报告**》，其中显示，我国城市人口**乳腺癌死亡率增长了 38.91%**，乳腺癌已被证实成为**威胁女性健康的最大疾病**。

至少 80% 的女性都是“乳腺无知者”

我做乳腺科医生这么多年，发现一个问题，很多女性根本不了解自己的乳房，熟悉自己乳房变化的人更是少之又少。

我认识一个在歌舞团工作的女孩，某次洗澡时，她突然发现胸部似乎有硬块凸起，认为是乳腺癌，吓得不轻地来找我，检查后确定，不过是她的一根肋骨而已！

门诊中，这样的人不少。

还有一个病患方若，之前一直是腰背疼得不能动，她和老公都以为是腰椎间盘突出，却从没关注乳房问题。她的妈妈在给她换内衣时无意碰到乳房肿块，坚决要她去检查，这位刚做妈妈的女孩还一脸不在意：“没事，妈妈，是乳汁淤积吧！”后来方若和妈妈一起来门诊找我，一检查才知道是乳腺癌！而她的腰背疼痛是因为骨骼转移了！

乳腺癌，犹如一个黑色的幽灵，当你与它相遇的时候，往往就与死神呼吸相依。如今，越来越多年轻的女性被有“红颜克星”之称的乳腺癌夺去花样生命，作为一个同为女性的医者，每天与一双双几经病痛折磨而忧郁、灰暗的眼睛，一张张枯干、未老先衰的面孔，一颗颗沮丧、脆弱的心灵相依相偎，感觉自己时时都行走在他人生命的边缘。医生不是万能的，但我们要努力做得更好。

千万不要以为乳腺癌离你特别遥远！它随时都可能来到你我身边，女孩们，多多了解自己的身体，早发现早治疗，为自己多留一些生存的机会，因为一旦到了晚期，就可能已经脑转移、肝转移、肺转移，骨转移了！你的生命此时只能如流星般陨落了。

在这里，我想对天下的女人说，“亲爱的，腾出点时间关爱下自己的乳房吧”。

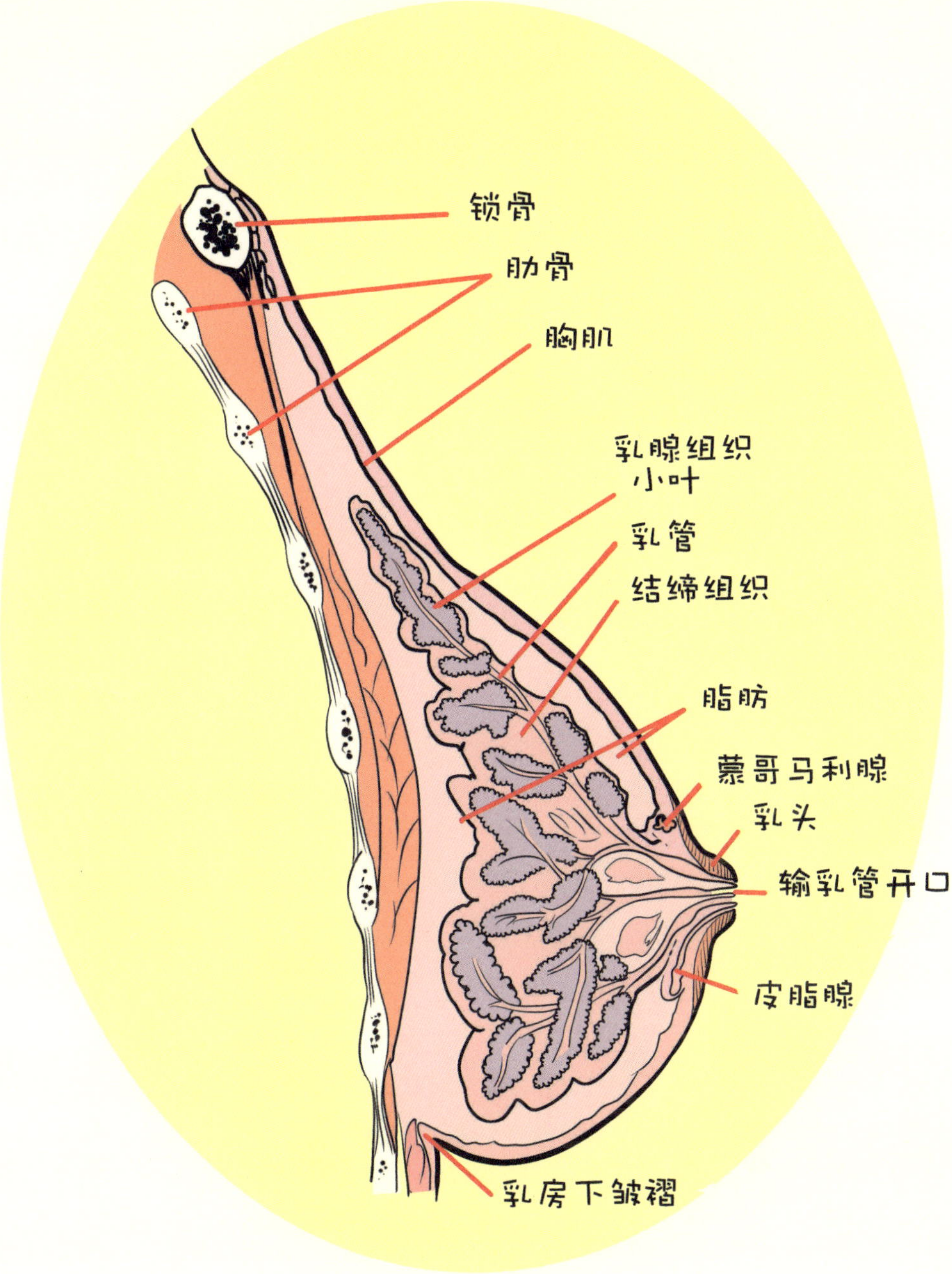

乳房的内部结构犹如一棵倒生的树，主要由腺体、导管、脂肪组织和纤维组织等构成。乳头是“根”，乳腺叶是“树冠”。每个乳腺叶都有一个输乳管，输乳管集合于末端变细并开口于乳头。

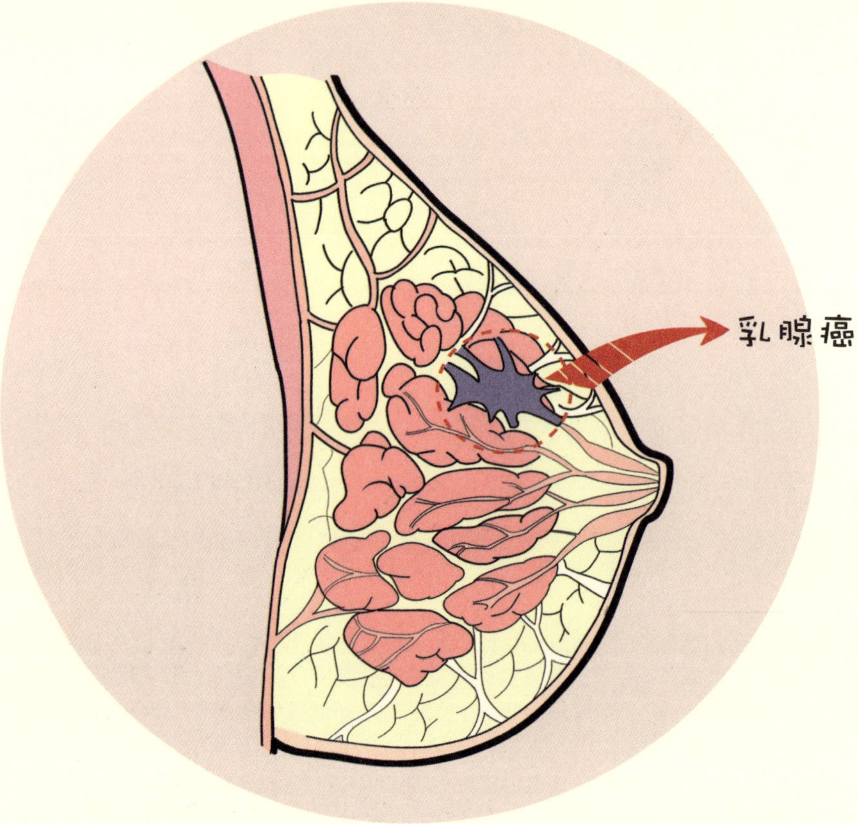

乳腺癌是由乳腺导管上皮发生的恶性肿瘤，对任何个人和家庭都是非常可怕的噩耗，没有一种疾病像乳腺癌一样，残忍地伤害女人的身体和心灵。调查显示，乳腺癌已经成为女性肿瘤中患病率最高的一种，中国乳腺癌发病呈现三种现象：低龄化、高扩张、高复发。70% 的乳腺肿块会引发乳腺癌，4% 的乳腺增生久治不愈者会导致乳腺癌！

乳腺有问题，请小心子宫、卵巢

如果把女人比作“藤”，那么乳房就是这个藤上的“花”，子宫就是“果”，卵巢就是“根”。“花”“果”“根”都是相依相存的。不管是哪一个出了问题，都有可能“花”凋零、“果”脱落、“根”受伤，所谓“牵一发而动全身”。

卵巢维持着女人器官的青春和活力。如果出了问题，会带来乳腺增生、乳房肿块、妇科病、更年期提前、闭经、子宫肌瘤、子宫内膜癌、卵巢囊肿、卵巢癌等病症中的一种甚至多种。

其中，乳腺增生、子宫肌瘤、卵巢囊肿同时发生在一个人身上的很多，更严重的情况是，到了35岁以后，子宫内膜癌、卵巢癌、乳腺癌有可能都会出现。

其实，乳腺、子宫、卵巢的病变首先是基因的问题，其次最重要的起因就是雌激素失衡了。如果你的雌激素水平持续走高，可能乳腺、卵巢、子宫一系列的病症就会出现了；相反，激素水平低时会导致妇科病，更年期提前，闭经等等。

可以这样说，乳腺的病变只是一个信号，告诉你，你身体要出大问题了，如果你不在乎，就等着迎接接下来爆发出的一系列问题吧。

关爱自己的乳腺，其实也是爱惜自己的卵巢、子宫，不仅让自己活得美丽，还能为宝宝准备一个健康温馨的居所，以及一汪生命的汩汩源泉。

千万不要以为雌激素越多越好

乳腺健康所带来的好处多多，除了气色好，皮肤也会非常光滑。有的女孩子乳腺增生了，自己也不注意，突然没多久发现脸上也开始长斑了，再严重点就患上子宫肌瘤了。这是为什么呢？这其实都是雌激素在作祟。

现在有些人提倡一种极其错误的观念，认为女人体内的雌激素越多越好，会让你皮肤水滑、气色红润、乳房饱满……总之，雌激素有百利而无一害！更年期了，补充雌激素；月经不正常了，补充雌激素；觉得自己不够女人味了，补充雌激素……

每当听到这样的宣传，我都痛心疾首。我常常苦口婆心地对我的患者讲：千万不要相信“万能”的雌激素啊！它可能让你得到暂时的益处，可它将带来的危害也是极其恐怖的。

每个成熟的女人自身就会分泌雌激素，而一个健康的你，自身所拥有的雌激素已经足够让自己千娇百媚，女人味十足，并且最契合你自己的身体，你弄那些额外的东西来增加你的雌激素水平，其实相当愚蠢，弊一定大大多于利。

我经常跟一些患者说的一句话，“你本身就是花了，淡淡幽香最宜人，干嘛还要再去喷香水呢？”

含雌激素的口服液、蜂胶、花粉、避孕药等，能不吃就不吃

很多病都是吃出来的。我在门诊时，天天都苦口婆心地劝说一些深受乳腺病之害的女性，像什么号称补充雌激素的口服液、蜂胶、花粉、避孕药你都不要去吃！

口服避孕药的人，通常脸上容易长斑，因为她体内激素水平失衡了。

吃了雌激素含量高的东西，身体激素水平一下升高，一旦停吃或者受某些外界因素的影响，就会淤积在乳房处，导致腺体的增生、增长，肿块的发生。

像一些补充雌激素的口服液它是什么时候吃呢？是在调整女人更年期综合征的时候。更年期所有的不适症状，烦躁、胸闷、看哪儿哪儿不舒服……都是由于此时女性雌激素水平骤降造成的。这时遵医嘱服用些口服液之类的，补充了雌激素，症状就会有所改变。

多次流产会导致严重的乳腺疾病

如今乳腺疾病高发，我所接诊的病人，从 18 岁到 60 岁的都有，数量也相当惊人。并且，近几年我发现乳腺疾病越来越爱缠上一些年轻女孩，她们大多数都不了解或者根本不关心乳房的变化，有的人发病后，因为害羞难以启齿，或者没有基本的知识，认为是小病，扛扛就过去了，听之任之，最后酿成恶果，独自品尝。

我曾经在门诊接诊过一个 25 岁左右的女孩，脸蛋漂亮却没什么血色，腰身瘦得盈盈一握，还在打电话跟朋友说晚上去哪儿吃饭，不吃肉，怕长胖了。我一看她就觉得不太对，果然检查结果是严重的乳腺增生，她向我诉苦道："王医生，我好疼啊！"

几十年的从医经历让我猜测她可能做过流产，她这样活泼的性格，心里不可能压抑得很严重，而且她太瘦了！她的病一定是什么外界因素造成的。

我问她："姑娘，你怀过孕吗？"女孩一脸吃惊的表情："没有啊！王医生，我还小呢！"我不置可否地看着她，心里非常通透，小女孩爱脸面不肯说实话。被我盯了好一会儿，女孩突然就哭了，"王医生，我骗了你，我做过 3 次流产！"

轮到我惊呆了！这样年轻的女孩，如此不懂爱惜自己，她的爸爸妈妈该多心痛啊！

我想告诫所有年轻的女孩，一定不要自恃年轻，要懂得保护自己的身体。怀孕时孕激素水平很高，而流产会让激素水平一下子平衡不了，这等于釜底抽薪，身体根本没有一个适应的过程，所以这样的恶果就表现在了乳房上。

多次流产造成的后果，早期可能是乳腺增生，但这仅仅是个信号，如果长此以往，后期会发展成什么样就不堪设想了。我还接诊过一些女孩，月份很大了才去引产，这时已经有了乳汁，她们也没处理好，直接就引发了乳腺炎以及后续的一系列问题。

少用化妆品，少做精油护理

还有一些人的病是涂出来的。有位女士每次来找我看病，我都能闻到她身上扑鼻的香气，我多次警告她，不要再用这些化妆品了，她却说不化妆还不如让她去死，我又劝说她别在自己身上随便涂化妆品，否则她的乳腺疾病怎么也好不了。此女见我表情严肃，便答应了，过了大约 1 个月，她再来找我时，笑着道："王医生真是神啊！我自从没乱涂那些瓶瓶罐罐后，乳房果然舒服了些！可我的美丽怎么办呢，只能慎重选择化妆品了！"我笑笑，无奈地望着她。

大多数化妆品里都有雌激素，还有的女生热衷精油（其实很多精油里面也有雌激素）护理，这些东西，可能让你得到一时的美丽，可影响的是你的身体，伤害的是你的乳房，毁掉的是你的健康。

熬夜其实也在伤你的乳房

“回想10年来，基本没有12点之前睡过觉，学习、考GT之类现在看来毫无价值的证书，考研是堂而皇之的理由，与此同时，聊天、BBS灌水、蹦迪、K歌、保龄球、吃饭、一个人发呆填充了没有堂而皇之理由的每个夜晚，厉害的时候通宵熬夜。”

——于娟

我接诊的乳腺病患者中，30%的都有熬夜的习惯，都是顶着个黑眼圈、满脸疲惫地来到我面前。我曾经问过其中的一位患者小安：“你一天睡几个小时啊？是不是老熬夜？”小安捣蒜般点点头：“是啊，王医生，以前老加班，把生物钟弄乱了，现在是熬夜看电视剧，总之一大堆事情，就是不想睡，也睡不着。”

有很多患者天真地问我：“王医生，虽然我习惯晚上熬夜，但白天都补觉了呀！保证了8小时！应该没问题吧！”我告诉她们，实际上，人体的生长机制是一个不断修复的过程，夜晚正好是修复的时间，没有夜晚良好的休养生息，人体就会一直恶性循环，免疫力也会急剧下降，很多的病症就会由此产生。另外，在电脑、手机、电视、灯光等众多的电子辐射下待得太久，也会影响乳腺健康。

好心情决定好乳房

有一次，我在门诊收拾东西，正准备下班，进来一个满脸心事重重的女生，一下子坐在我面前告诉我："医生，我乳房一直不舒服啊！经常就像被针刺一样地疼！我好累啊！"

她说，自己平常遇事有自己的想法，还比较执着，于是在工作中就和其他同事产生了矛盾。在单位常常觉得受气，回到家和老公也是几句话不合就大吵，久而久之，就觉得乳房时而针刺一下地疼痛，心里越来越担忧，于是前来就诊。

检查后，我发现她只是轻度乳腺增生，就给她开了加味逍遥丸，并一再劝导她放松心情，凡事多站在别人的角度考虑，找机会和上司、老公好好说出自己的心里话，多做些自己喜爱的运动。

大约 2 个月后，她又来到门诊，一脸开心地拉着我的手说："王医生，我好了！不疼了！现在觉得生活还是挺有意思的！"

心情与乳房的关系其实很容易解释，用中医的理论来说，肝的生理功能包括主藏血和主疏泄，而主疏泄又包括四个生理功能，其中一个就是调理情志（心情），也就是说心情会直接影响肝，而乳房又是走肝经的。

这样的话两种心情情况就不难解释了，爱生气上火暴躁的人属于"肝火旺盛"，可能导致乳房疼痛、增生等等；同样的道理，凡事爱生闷气憋在心里的人，肝气出不去，也是循肝经到了乳房，可能产生乳房肿块，这种属于"肝气郁结"。

由此可知，不论是"肝火旺盛"还是"肝气郁结"，不良的心情状态都会伤害到乳房，因此，要想乳房好好的，保持好心情是必须要做到的。

完美主义者，请小心乳房不完美

我在门诊30多年了，见过无数的患病女孩，我发现她们大多数都有一个共同点，就是总是给自己定的目标太高，总觉得自己把事情做得不够完美。太要求完美、较真的人，身体也会提出抗议的，尤其容易得乳腺疾病。

完美主义者一般包含两类：一类是对自己苛刻，貌似的强迫症患者，在外人看来已经非常棒了，自己却患得患失，因为别人随意的一句话，她能想好几天；一类是自己要求高，又眼高手低，做不来，爱唠叨，折磨别人又折磨自己。

这两类人都会产生一定的心理落差，空虚、寂寞、烦躁、愤怒、可能人际关系也不好……这种长期的心情不愉快，就是造成她发病的原因。心情直接影响了她的肝，“肝火旺盛”或者是“肝气郁结”都会伤害乳房；还对她的激素水平造成一定的影响，雌激素失衡也会伤害乳房。

事事太要强，乳房要遭殃

黄小姐是一位乳腺癌晚期的患者，她来找我似乎不是为看病，只是一直絮絮叨叨跟我说自己有多厉害，工作中雷厉风行，事事要压过别人；生活中一直照顾父母，负担两个弟弟念完了大学；对老公多么的好，连老公进一下厨房都不让，最后老公却背弃了她……

做了这么多年医生，我见过太多类似黄小姐这样的女性，她们性格要强，一心考虑别人，有什么事情都自己扛着……这类女性长期心理压抑，最容易积累成疾。

乳腺癌的发生，首先的第一诱因是遗传因素，有家族遗传病史的女生，其患乳腺癌的概率比平常人高 80%；另外最重要的一点就是，有的人说，如果我的家族史上，并没有人得乳腺癌，结果我却不幸患上，是什么原因呢?

这就是女性患乳腺癌的最重要的原因：心情因素。这么多年来，我发现有 80% 罹患乳腺癌的女性都是感觉不幸福的人，或者是婚姻不幸福，或者是工作不如意。她们通常可归纳为三类人：一类是特别要强，事事都要压过别人，不能忍受别人一点半点对自己的不认同，常常宁愿累死累活也要证明自己；另一类人就是特别委曲求全，事事以别人的感受为首要考虑因素，生怕别人不开心不满意，却一直忘记自己也是需要被爱的；第三类就是特别容易生气的女人，这类女人不仅爱生气，而且常常闷在心里，不懂得纾解发泄，自然容易积累成疾。

另外，还有一点我想跟大家特别说到的是，如果你查出乳腺癌，千万不要惊慌，也不要立刻去做手术，而要多看几家医院，多找几个医生，听听他们怎么说，等到各方确诊之后，再做手术。当然，如果你能懂得调整自己的心情，预防乳腺癌，将它早早排除门外，那是最好不过的了。

没有和谐的性生活，乳房也会生病

我觉得，所有适龄的女孩子真的得交男朋友，这已经不仅仅是性的问题了，而是一个健康的问题。

我常常对来看病的女孩子们都会说一句话，“不着急，不生气，睡眠充足，性生活和谐”。她们常常在听我说到“性生活和谐”的时候都很吃惊又略微羞涩，有一个叫莉亚的女孩还问我道：“王医生，我看了那么多医生，从没人跟我说这个呢。”和谐的性生活对乳房的保养特别重要，它相当于让乳房做了一次完美的运动，乳房有了一次幸福的充血、撤退，就如同大海涨潮落潮，其中的异常细胞都能“冲刷”出来。

要知道，男女之爱有别于父母之爱、朋友之爱，性爱可以刺激性激素的分泌，而性激素对于女性的乳房发育作用重大，且性爱中的爱抚、吸吮，又进一步加强了这种变化。有些女性新婚以后，能明显感到罩杯增大，乳房变得丰满挺拔，过去平坦的胸脯明显地隆起了乳峰，就是因为性爱的结果。性爱可以让未经哺乳的女性乳房增大 25%。

而且，优良的性爱还有助于减轻经前综合征、提高免疫力、减缓衰老，甚至还有助于睡眠……让你容颜娇媚，仪态万方。

相反，性生活过少的女性，胸部缺少激素的刺激，血液也不能更好地循环，久而久之，胸部容易松弛下垂，变得不够丰满。

我有一个患者是一位 36 岁的女性，身材一直很平板，失恋 6 年了一直没有交男友，轻度乳腺增生 3 年了。她来找我看病，我就一直开解她，赶紧找个好男人，结婚后就不会有这些病了。后来我再

见到她，气色非常好，脸上洋溢着恋爱中女人才有的光芒，我问道：“你是不是恋爱啦？感觉怎么样？”她一脸红润，拉着我的手说道：“王医生，你看我现在皮肤是不是细腻了很多，我胸部都变大了呢，好几个月乳房都没疼过了！”我笑着抱抱她，很为她开心，“好好享受现在的每一天吧！”

还有一个28岁的女生，来门诊找我，说乳房疼，我问道：“疼了多长时间了？”“几个月了，今天才来看。”我给她检查后，问道：“你结婚了吗？”女生说：“结了，我老公出差去日本好几个月了。”我看了她一眼，笑道：“你没什么事情，就是想你老公想的，没事！等他回来你就好了！你呀，这是相思病！”她不好意思看了我一眼，笑了笑。我给她点了几个穴位，疼痛立马得到了缓解。我又安慰她，让她回家给老公打电话让他早点回来。果然她后来给我打电话说病好了，我调侃她：“老公回来啦！”电话那端传来了轻轻的笑声。

“该长苗的要长苗，不长苗会长草”

有一位患者的妈妈说过一句很有道理的话，“该生孩子的要生，该怀孕的要怀，子宫不长苗就会长草，当然乳房也一样”。

有很多女生，到了某个年龄段，本该享受规律的性爱、正常的孕育、产子的喜悦、哺乳的成就感……在本该做这些上天安排的事情的年龄段，却跑去读硕士、博士，为工作拼杀，最后或许得到了一些东西，但也为乳腺、子宫埋下了“定时炸弹”。

现在有一些白领女生，洁身自爱，没有流产，追求素颜，奋发工作。可工作五六年之后，突然乳腺就出问题了，这是什么原因呢？

《黄帝内经》里说：女孩 14 岁的时候，来月经了，可以生小孩了；21 岁的时候是此生身体最美丽的时候；28 岁的时候，身体盛壮；等到 35 岁，面部开始焦黑，头发掉落；42 岁，面部全部衰老，头发变白；49 岁的时候，绝经，不能有孩子了。

一个女人一生的身体发展历程就是这样，到了什么时间段，就该做什么事情，原来的女人 20 多岁就结婚生子了，这是符合生长之道的，该有的性生活有了，该怀的孕怀了，该生的孩子也生了，哪儿来的那么多乳腺疾病呢？

现在呢，很多女生到了二十七八岁，还没有对象呢，忙于工作，忙于其他，总之有一堆的理由让她没有恋爱，没有结婚，一个人的空虚寂寞，没有阴阳的结合，都是导致乳腺疾病的直接原因。

有一个女生，29 岁了还没结婚，求诊时跟我说自己的乳房经常胀痛，我说你不结婚不着急吗？她笑笑，自信满满地说：“王医生你看我老吗？我保养得很好，好多明星很大岁数了不也依然那么年轻吗？不也照样能生孩子吗？”我看着她，无奈地笑笑，傻姑娘啊！

明星和咱普通人能一样吗？他们私下做了多少保养身体的工作你知道吗？你的条件能达到吗？况且还有那么多明星高龄了拼命求子的新闻你怎么看不到呢！

我想告诉所有的女孩，人的身体成长是必然要跟随天地同步的，逆生长是不符合自然之道的。只有应时步入婚姻、孕育生命，这一生中才会少受很多苦，不仅健康美丽，也为未来宝宝的身体打下一个坚实的基础。

不念过去，不畏将来

现代的都市女性，普遍对自己要求太高，一直往山上爬啊爬，等到某天到了某一个境地，回望一看，觉得我怎么失去了这么多，付出了这么多，忧思重重，郁郁寡欢。

其实现在正是你享受最好年华的时节，你已在山上为自己开辟了一个舒适的空间，为何不好好享用，却要回望过去呢？

我是60年代生人，2000年的时候，我很恐惧，觉得自己老得不行了，整天担忧，等到现在50岁了，我突然怀念40岁的时候，那个时候多好啊！我还有那么多的精力可以做喜欢的事情。

所以说，永远不要做一个回望的女人，你当下所处的时光，和你将要步入的日子，才是你此生最美的季节，好好享受当下的幸福。

不要恐惧衰老，每一个年龄段的女人都可以美到极致，做一个向前看的女人，不念过去，不畏将来。

第二篇

你知道
乳房会得什么病吗

我刚参加工作的时候，接诊的病人不多，一天也就 3、5 个，多则十几个。等到后来我调入了武警总医院，一天看的病人竟达到了七八十个！乳腺病患者数量翻了好几番！患病人群也越来越趋向于年轻化。

乳腺疾病似乎已然成了很多女性的常态宿命之病，她们有的根本不在意，觉得无所谓，认为良性的乳腺病反正也不会危及生命。其实这种想法是相当错误的！

——王文华

"乳房，就好像女人胸前的一对翅膀，然而，天使也会折翅；乳房，好似姐妹们的胸中百合，纯洁却脆弱；其实，乳房是离自己心房最近的朋友，可大部分的我们，对它们总是漫不经心，近在咫尺不知珍惜，恐怕这也能够称为世界上最遥远的距离了吧！"

——李小冉（中国内地女演员），摘自《时尚健康》

* 乳腺增生到底是怎么回事
* 小心生闷气生出乳腺增生
* 纤维腺瘤会活动
* 得乳腺囊肿不需要太害怕
* 乳房为什么会变得“千疮百孔”：浆细胞性乳腺炎
* ……

乳腺增生到底是怎么回事

小美是一位长期的乳腺增生患者，虽不严重，却也反反复复，一直折磨着她。那次来门诊找我，小美似乎情绪比较激动，喊道:“王医生，我的乳腺增生到底是怎么回事？怎么才能让它不再增生啊？”

乳腺增生是女性多发病之一，又称为“乳腺小叶增生”，在乳腺病里面，它占的概率高达百分之七八十，发病率占乳腺疾病的首位，其中严重的极有可能发展为乳腺癌。其实乳腺增生既不是肿瘤，也不是炎症，而是内分泌失调引起的组织结构的紊乱，是乳腺腺体在增大、增生。

患了乳腺增生，最突出的感觉就是乳房胀痛，大多数患者具有周期性疼痛的特点，月经前期加重，经期后减轻或消失，有时整个经期都会疼痛，甚至走路一颠簸就疼，连肩膀、胳膊、后背都会疼痛。

另一个表现特征就是乳腺肿块，常为多发性，单侧双侧都可能出现，以乳房外上侧多见，大小、质地随月经周期变化。月经前乳房增大变硬，肿块增大，月经后乳房变软，肿块变小。检查时会发现增生结节大小不一，与周围组织界限不清，不粘连，可推动，多有触痛。

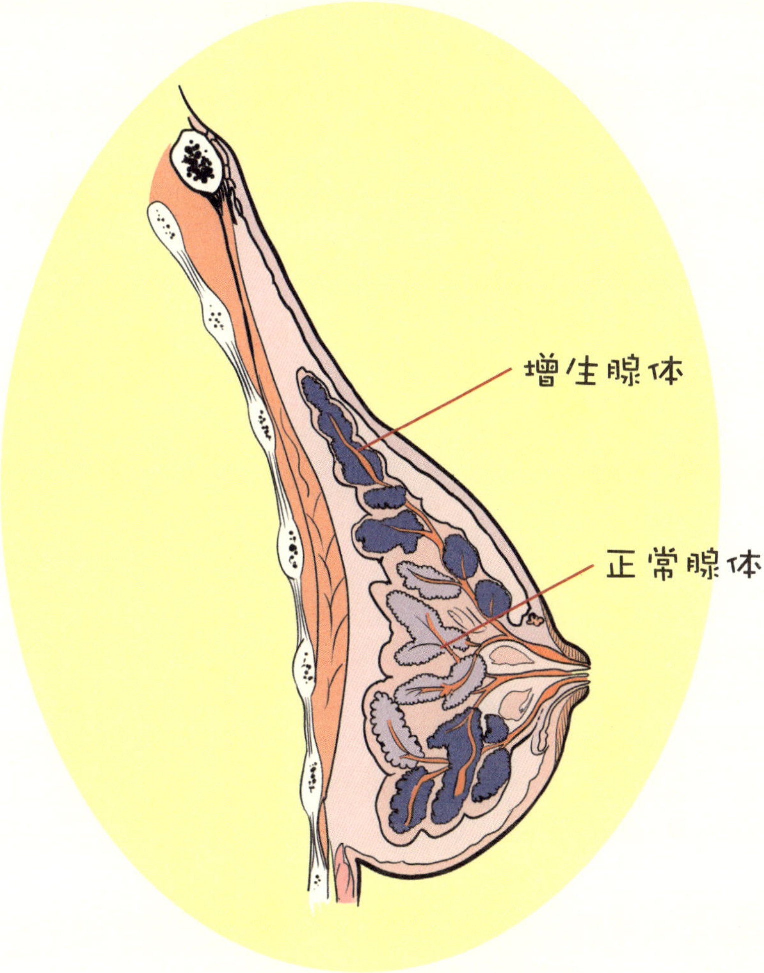

乳腺增生：乳房内的腺体分布是这样的：越靠近表皮的腺体越小。图中所展现的就是乳腺增生病变的状况，靠近表皮的腺体（紫蓝色标示）在增大、增生，而它们其实本应该较小一些。

小心生闷气生出乳腺增生

在门诊，我接诊最多的就是乳腺增生的患者，究其心理原因，大多与心里常年的憋屈得不到抒发有关。

有一个20多岁的病人，乳腺增生非常严重，当时，我从穴位、食疗及心理疏导多方面着手，花了很大力气才把她治好。在治疗过程中，她告诉我，自己从小父母离异，跟着父亲和继母长大的她一直认为母亲抛弃了自己，因而变得性格孤僻，什么事情都闷在自己心里。

后来努力考上了大学，毕业后也找到了人人艳羡的工作。但她依然不开心，说自己唯一的生活目标就是在眼下这座城市拥有自己的房、车，让母亲后悔抛弃了她这样优秀的女儿。

有同事曾试图给她介绍男友，可她从不愿去见见，不愿给自己和他人一个机会，在她的人生词典里，就是一句话，“我自己可以活得很好”。

有一句话说得好，“人体的恶气终会积累成疾”。虽然她暂时在我的治疗下症状没有了，但我还是愿她和她们这些长期浸润在不良情绪里的女孩子们放下心结，否则，就算把身体的问题解决了，心理的问题不解决，身病还是会卷土重来。

还有一位刚结婚的患者来找我看病，一坐下就诉苦道：“王医生，我乳房疼！”我一检查，只是轻度乳腺增生，问了才知道，原来她婚后和婆婆住在一起，婆婆是个单亲母亲，年纪大了，

觉得儿子被儿媳妇给抢走了，就处处看她不顺眼，事事故意找茬，弄得她憋得了一肚子气。我没有给她开药，只是对她说："回去吧，啥也别想，给婆婆说点好听的、买点好吃的，把她当做自己的妈妈，过几个月再看看。"她不可置信地望着我："王医生，你还是给我开点药吧！我担心啊！"我笑着拍拍她的手。

大约 1 个月过去了，有一天我收到她的一条短信，"王医生，谢谢你啊，我婆婆现在对我可好了，在给我炖汤喝呢，我的乳房也不疼了"。

乳腺增生在初期的时候，调节心情非常重要。比方说交了一个很棒的男友，拥有一份舒心的工作，或者是与婆婆的关系得到改善等等，这些都可能让轻度乳腺增生不治而愈。

一般对于轻度乳腺增生，调理心情，给自己找更多的快乐，可能你所担忧的病症自然而然就消失了，我的患者中此类情况占很大比例。

还有的人一说乳腺增生，连觉都睡不着了，吓得不轻，把它当成天大的事情，小病大治反而会坏事。其实总的来说，人患病与心情息息相关。

纤维腺瘤会活动

“我其实一点也不满意我的胸，我到现在都没有好好对待它，胸部护理我一个月连一次都做不上。我的工作比较忙，内分泌紊乱，我的胸部现在还有纤维瘤，还做过一个纤维瘤的治疗手术。

我不是一个提倡节食减肥的人，你看我身高1米63，100斤，在我们这个行业我算胖的了。说我性感，主要是因为我懂得扬长避短，我不是以瘦为美的人，我觉得女生就是圆润一点比较好。”

——柳岩（中国内地女艺人，身兼演员、主持人、歌手于一身），摘自《每日新报》

纤维腺瘤是发生于乳腺小叶内纤维组织和腺上皮的混合性瘤，是乳房良性肿瘤中最常见的一种。

这种病好发于乳房的外上部位，约75%为单发，少数为多发，直径以1～3cm的较为多见，也有更小或更大的，在临床上偶尔能见到超过5cm甚至10cm的。

纤维腺瘤一般呈圆形或卵圆形，表面光滑，质地坚韧，边界清楚，与皮肤和周围组织无粘连，活动度大，想按住它都比较困难，因为它会到处跑。

患上纤维腺瘤的人一般没有乳房疼痛和乳头溢液，肿块大小形状通常也不随月经周期而发生变化，腋下淋巴结无肿大。肿块生长缓慢，可以好几年没有变化，但在妊娠期或哺乳期可迅速增大。如果与乳腺增生共同存在，那患者就会有经前期乳房胀痛。

可发于青春期后的任意年龄，以18～35岁的青年女性居多。本病的发生与内分泌、激素失调有关，如雌激素相对或绝对升高。

一般情况下，对于此病症，进行手术治疗应慎重考虑。因为手

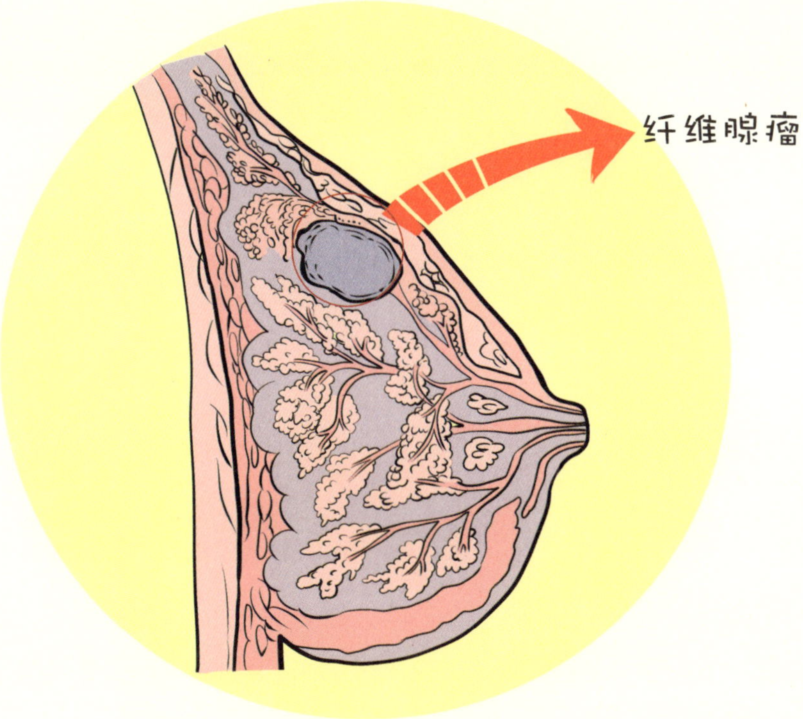

术带来的伤害是无法弥补的，会导致乳腺正常组织被破坏、创伤大、疤痕、没有切除干净、二次手术、三次手术等等不良后果。现在的很多医院，只要你是乳腺病，不论病情轻微还是严重，首先让你做一大堆检查，然后不论是必须还是不需要，都让你进行手术治疗，患者往往花了钱，却得不到根本治疗。

我在门诊见过的乳房上 3、4 个刀口的患者比比皆是，为什么会切了再长、长了再切？

首先可以肯定的是利益在作怪，而除此之外最根本的原因是，乳腺组织非常复杂，不是手术可以切除干净的。手术切除的只是一部分，不可能完全切除掉整个乳腺组织，所以乳腺病反反复复，就跟割韭菜一样，割了一茬又长一茬。

我在30多年的临床经验中，对纤维腺瘤总结了一个是否切掉的判定方法，非常简单！检查时，如果医生告诉你大小在1.5cm以下，并且自己摸着就像一个“玻璃球”在乳房里面来回能动，它不粘连，那就可以再观察，不要急于切除；如果大于1.5cm，也能来回动，且不粘连，那你也可以再观察；如果它一旦不动了，粘连了，不管它有没有超过1.5cm，都要切除。

中医称乳腺癌为“乳岩”，其肿块很坚硬，而且不活动。所以如果你摸到那个“玻璃球”周边与腺体组织粘连了，那就要怀疑是恶性肿瘤。另外，还有一点我想对患有纤维腺瘤的患者说，如果你发现自己的纤维腺瘤突然长大了，一定不要惊慌，也不要急于切除，只要它还能活动，就不要过分害怕。

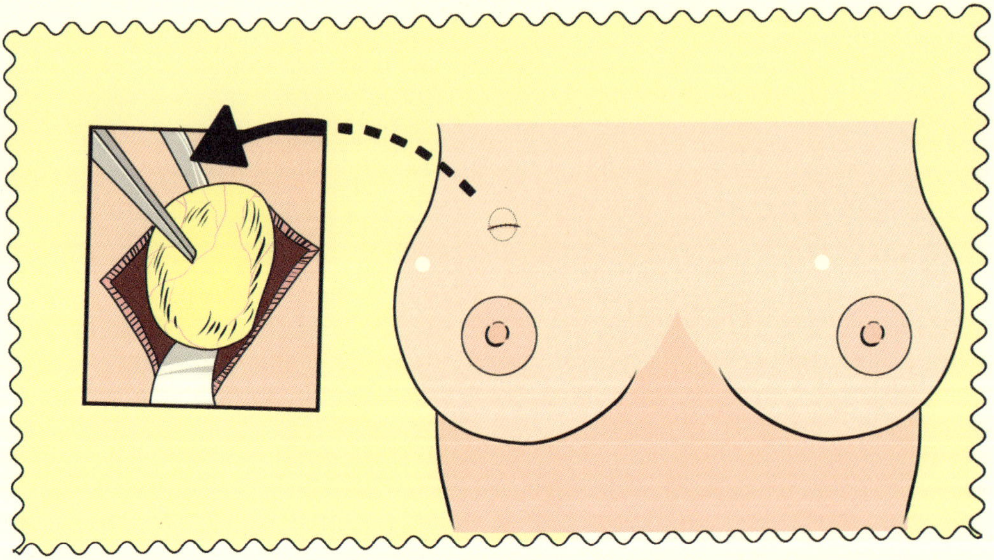

切除纤维腺瘤

得乳腺囊肿不需要太害怕

39岁的中学物理老师马静，无意中发现乳房肿块，手感活动度好，鸽子蛋大小，B超提示，左侧乳腺液性暗区考虑囊肿，住院治疗后7天就出院了。像这种年龄超过35岁，肿块直径超过1.5cm的患者一定要及时治疗，方能速战速决，如拖拉，会导致病情加重，有恶变的可能。

乳腺囊肿患者多为中年妇女，其发病位置多在乳头周围，尤其是乳头上方。肿块常呈圆形或椭圆形，摸上去有轻度触痛，表面光滑，边界清楚，活动度不大，直径常在2～3cm，一般无腋区淋巴结肿大。

囊肿

囊肿是一个充满液体的囊状物，就如同是乳房组织中的水泡，“浅囊肿”按压时，会感觉里面像有液体；“深部囊肿”会将组织撑大，向上推挤，因而触摸到的是坚硬的乳房组织，并非柔软的囊肿，此种情况下会感觉囊肿像个硬块。

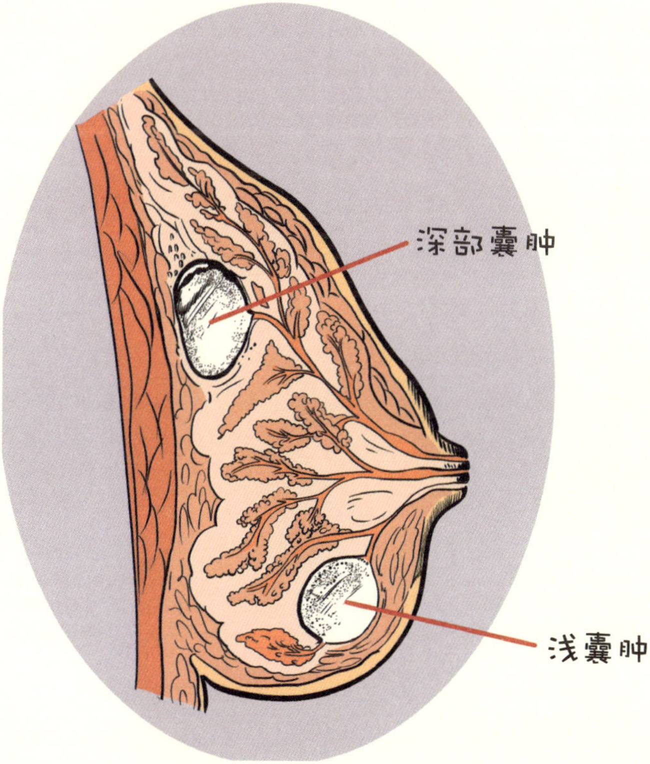

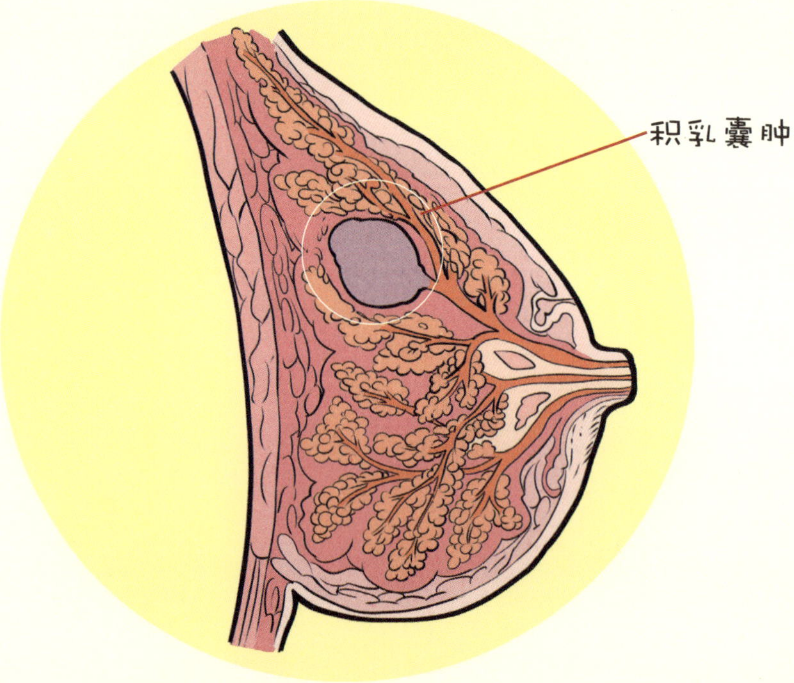

积乳囊肿

乳汁闭锁在囊中，渐渐变稠、呈乳脂化，便形成了积乳囊肿。

另外还有一种称为“积乳囊肿”，又称乳汁潴留样囊肿，多发于妊娠哺乳期或哺乳期过后，主要原因在于哺乳期某一导管阻塞，引起乳汁淤积。肿块多呈圆形或卵圆形，表面光滑，边界清楚，与皮肤无粘连，活动度大；继发感染时，局部会出现红、肿、热、痛等炎症反应，患侧腋窝淋巴结肿大。如果断奶后，囊肿仍然存在，记得每半年复查一次，或者断奶半年后进行手术切除。

要注意的是，并非所有囊肿都需要切除，非复发性囊肿、较大(直径 >1.5cm) 囊肿都无需切除。囊肿具有多发性和易复发的特点，反复的手术只会增加不必要的身心创伤和经济负担。

乳房为什么会变得“千疮百孔”：浆细胞性乳腺炎

康小姐专门由母亲陪同着从外地赶来找我，她很不幸，结婚没多久，正准备要孩子，却患上了可怕的“浆细胞性乳腺炎”。

“浆细胞性乳腺炎”是女性在非哺乳期可能罹患的一种病，我们乳腺科医生形象地称之为“千疮百孔”。

这是一种非细菌感染性的疾病，还会出脓，病因一直不明确。其表现症状跟脓肿相似，乳房内发红，在外面形成一个大包！对于这种病，没有其他办法，只能切除出脓的那一块组织。但很多病人都是切除一块儿后，马上另一块儿又出问题了！又得切除！就如同马蜂窝一样！

曾经有一位江西来的病人，已经切除了 16 次了！惨不忍睹！到了最后，只能切除整个乳房，因为已经没有其他办法了。

脓肿引流 图解

脓肿基本上是脓的集合，治疗时必须将脓排出。如果脓肿小，可以用针管吸；如果较大，就需要做一个足以使脓流出的切口。

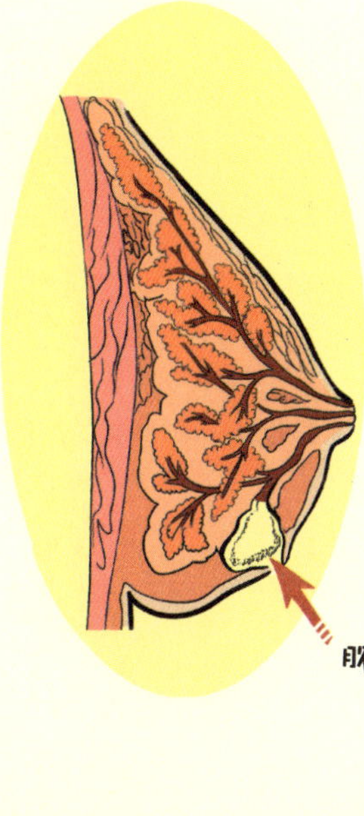

脓肿开放引流

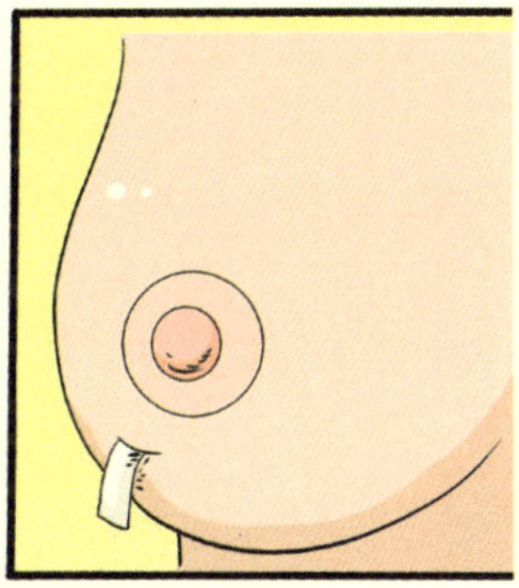

切口内引流条

哺乳期最容易患乳腺炎

小夏刚晋升为妈妈不久，突然发烧 39.5 度，然后右边乳房局部发现有硬块，小夏和老公来找我，俩人都苦着一张脸，问我怎么办？

哺乳期乳腺炎发病率特别高，也易容易导致乳汁淤积。它在宝宝 1 个月、3 个月、6 个月、9 个月、1 岁的时候都可能会发生，尤其在产后 3 个月的时候，产妇免疫力低下，最容易发展成此病。

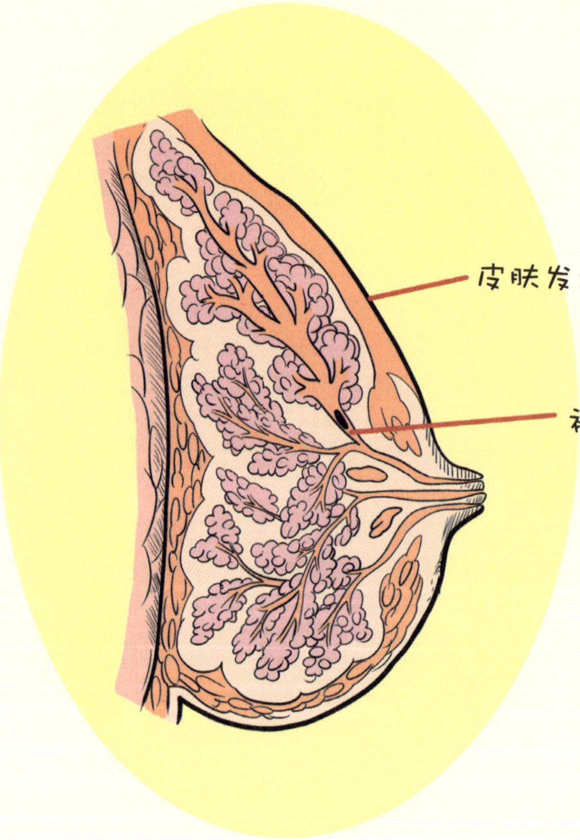

哺乳期乳腺炎

女性哺乳期乳房充满乳汁，而乳汁是细菌生长的最佳媒介。哺乳时，如果不注意饮食，某个导管被浓稠的乳汁塞住，乳汁不畅，就形成了感染的最佳场所。细菌在乳房中，乳汁帮助它生长，极短的时间就会出现红肿、热、痛的现象。

更严重的是现在的一种错误观念，认为生产完的女性要补充大量营养，于是吃得很油腻，什么猪蹄汤啊、大鱼大肉啊，一股脑儿地来！最后造成了乳腺导管的堵塞，乳汁淤积，细菌繁殖，乳腺炎就发生了。或者挤、压、碰、撞，孩子咬，这些都会导致乳腺炎。

哺乳期乳腺炎来势凶猛，十几分钟至半个小时就有可能发烧到39度多或更高。因为乳汁是细菌最好的培养基，细菌一旦侵入，就会在局部的乳腺导管里大量繁殖，形成乳房肿块，这时身体就会调集大量的白细胞去跟细菌作斗争，白细胞升高就会发烧。如果持续发烧不退，就说明身体内白细胞和细菌的战争还在继续，这时身体抵抗不了了，西医就会用抗生素来帮忙消灭细菌，中医则用清热解毒的中药来灭体内的火。还有一种方法就是把乳腺导管里有细菌的乳汁清理出去，局部肿块就会立刻减小，体温很快就下降。

预防乳腺炎的方法还有很多，比如注意防止乳汁淤积，不要生气，不要让宝宝含着乳头睡觉，不猛烈撞击乳房，不穿紧身衣服，乳头皲裂一定要好好治疗等。千万不要等到化脓手术时切开引流，那样等待你的将是无尽的痛苦。

油腻月子餐，越吃越糟糕

中国传统有一些坐月子的理念，就是要吃好的。我就想说一句话，牛吃草还照样产奶呢！你孕期储备的脂肪都是为了产后哺乳消耗用的，其实没必要产后拼命补充营养，只会造成淤积，产生乳腺炎。

在很多大医院生完孩子，医生都会告诉你，吃点小米粥、烂面条，多喝水，奶就很充足了！有百分之四五十的女性得乳腺炎就是因为吃得太油腻了！我想说你们奶奶那一代，舀一瓢凉水喝都下奶；你妈妈那一代喝碗小米粥都下奶；到了你们这一代，天天油汤、肉汤、猪汤的，不仅不下奶还得一身大肥肉，孩子吃不饱，也跟着受罪。

产后的妈妈脾胃很虚弱，没必要吃一些难消化的所谓高营养的食物，当然这个是因人而异。如果本来是代谢脂类比较差的体质，就要注意千万别吃这些东西，不仅会造成乳汁淤积，排不出来；而且就算排出来了，孩子吃这样的奶，脾胃也会受不住，拉不出大便，还会肠绞痛。

门诊有一些人，喝一次猪蹄汤得一次乳腺炎。我形象地把猪蹄汤比作猪的洗脚水，说什么它可以下奶其实是不尽然的，因为猪蹄中的胶质纤维太多，不容易代谢出去，很容易导致乳腺导管堵塞。一般遇到这些病人，我都会对她们说，把所有鸡汤、鱼汤、肉汤、猪蹄汤全部停掉，一天一把青菜、一把豆、一天不超过一两肉，主食随便吃，饮食多样化，照样奶水充足！

我们中国人是炎黄子孙，是吃五谷杂粮繁衍至今的，不像白种人是吃肉长大的，你的小肠没有那么长，吸收不了那么多的脂类。所以说吃什么应该因人而异，不仅关乎国别、地域，甚至体质、心态，都有影响。

哺乳期，警惕不懂医的人揉伤乳房

如今的人们生活质量越来越高，然而我的门诊接诊的患有乳腺问题的哺乳期妈妈却越来越多，每天都会遇见乳房被人揉伤、揉成脓肿的患者，看上去真的令人心疼。

哺乳期妈妈乳汁淤积，其实只要捏乳头就行了，而不是使劲儿揉乳房。我把乳房形象地比喻为房子，乳头比喻成门，使劲揉乳房等于跺墙皮，你只知道使劲儿地踹墙，却丝毫不动那扇门，这是一点作用也不起的。

乳房有“酒窝”，可能有大问题

我有一个邻居，好几年前，她突然发现自己的左乳有一“酒窝”，一检查就是乳腺癌！并且只能手术切除！给她做完手术后，我看到切下来的乳房放在盆里……当时我脑子“嗡”地一下，心里难过的不得了！

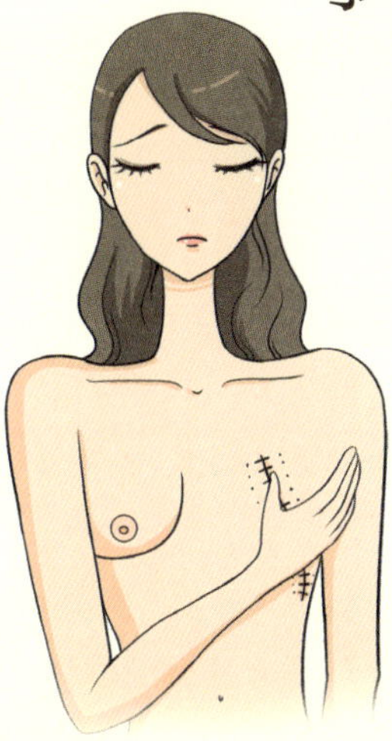

她做完手术后5年没有复发，捱过了人生最艰难的时期。但她却自此产生了很大的心理阴影，不敢面对家人、朋友，更何况其他的人！她的乳房少了一侧，平平的肌肤上，留下了一条疤痕！她穿的衣服都要在缺失的乳房处缝一个小口袋，塞点棉花之类的东西填充进去。每次看到她，我都很难受……

乳头流血是危险的信号

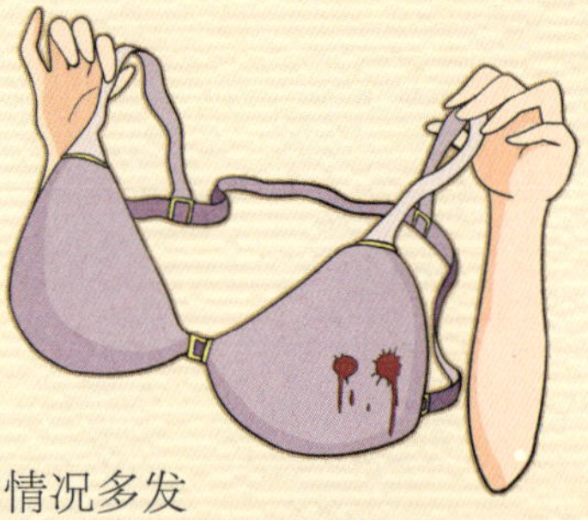

郑小姐来门诊找我时，一脸担忧，我还没问两句，她就要哭出来的样子，原来她刚婚后没多久，还没要孩子，突然前天老公帮她洗内衣时，发现 bra 上有血迹，夫妻二人大惊，慌忙来找我。

有的女性，不在哺乳期却突然发现乳头流血了，比如胸罩上有血迹，或者是挤压后发现有血液。这种情况多发为单侧，是危险的信号，应高度警惕，大多数为炎性乳房疾病，如乳腺导管扩张综合征。目前比较权威的数据分析是，50%～75%的可能是导管内乳头状瘤，15%的可能是乳腺癌。如果乳头流血发生在绝经后，则可以断定 75%是乳癌。所以，一旦出现这种情况，要马上进行治疗。

乳腺里的“结节”是什么

思仪是个 29 岁的姑娘，连续 3 年查体的 B 超报告描述中都显示有结节。思仪很担心，看了很多家医院，问过好几个医生结节到底是怎么回事，最终也不太清楚。我在此特别详细介绍一下结节，以便更多的人了解它。

临床上习惯于将较小的肿物称为结节，可发生于乳房的任何部位。很多女生经 B 超或者专科体检发现乳腺结节，例如乳腺 B 超结果显示为乳腺低回声结节、实质性结节等等，甚至有些女生在自检时似乎也能摸到质地较硬的“结节”，因此极度紧张，前来就诊。

乳腺结节究竟是什么呢？别紧张，其实它就是乳腺组织的形态学改变，是一种含糊不清的诊断名词或是一种临床表现。简单来说，“结节”只是一个形象的描述，而不是病名。

许多乳腺病变会出现“结节”，包括乳腺增生、纤维腺瘤、浆细胞性乳腺炎、乳腺癌等。由于现在女性对乳腺癌的恐慌，且其症状之一就是乳腺内发现结节，因此，她们往往一看到“结节”一词就谈虎色变，其实并不需要如此害怕。

不同的乳腺疾病表现出来的“结节”各有特点，不一定出现“结节”就是乳腺癌！

而且乳腺科医生在做确诊病名的时候，乳腺“结节”仅仅是诊断依据之一，额外还需要了解的情况很多，患者是否存在疼痛？乳头是否出现溢液……并且还要结合辅助检查例如钼靶、溢液涂片、细针穿刺细胞学检查、甚至病理活检组织学检查等等，最终才能作出明确诊断。

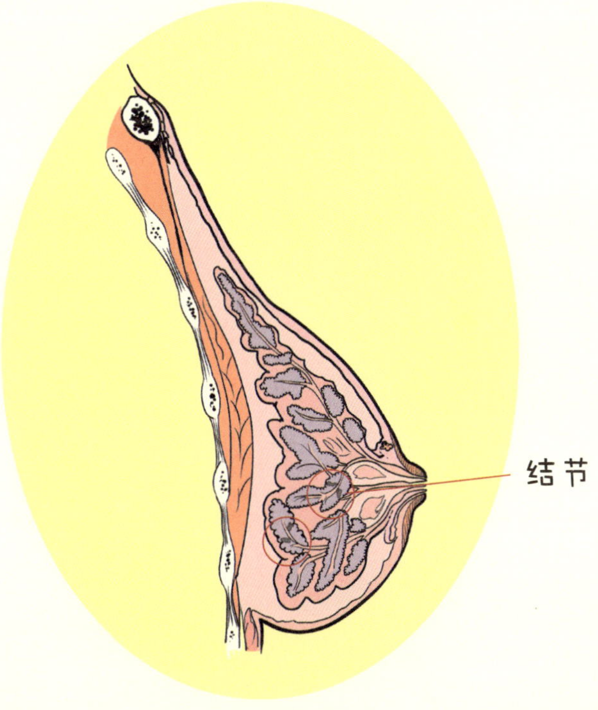

第三篇

最常见的食物
功效最强大

“看到电视中有个女人因乳腺癌而切除了半边乳房，我感到恐惧。庆幸自己是一个健康人，庆幸自己多年饮食规律，抵抗癌细胞；并且在爱护自己方面从不偷懒，定期做体检，做全面的身体护理。”

——李小冉（中国内地女演员），摘自《时尚健康》

“饮食方面可以多吃瓜类蔬菜。我现在的身材该有的全都有，比选美时更加完美。”

——蔡少芬（中国香港女艺人），摘自“搜狐女人社区”

- 我的医生妈妈传下来的瘦身乳腺保健方
- 每天一杯养乳五谷豆浆
- 豆浆南瓜汤，瘦身又健乳
- 常喝小米汤，让双乳及全身的肌肤吹弹可破
- 慈禧太后的丰胸秘方：黄芪红枣茶
- ……

我的医生妈妈
传下来的瘦身乳腺保健方

这个方子是我妈妈常用的。我妈妈也是医生，那时候我们在大院住，有一个邻居，30岁的年龄，特别胖，个不高却有150多斤。她结婚好几年，迟迟不怀孕，又患严重乳腺增生。我妈妈给她用了这个方子，因为当时想的是，这个方子没有任何副作用，吃了也没事。她于是就每天都喝，一天一次，后来这女人神奇地瘦了30多斤，乳房肿块还消失了，并且生了个儿子。我还记得那时大家都没钱，她为了表示谢意，给我家送了近30斤的玉米面，我们一家吃了好长一段时间的玉米糊糊。

后来我妈妈就老拿这个方子给病人用，非常有效。

配方 山楂片15g，肉桂粉3g，生姜3片

做法 放水中煮，每日以此茶当水喝，早晚各饮250ml左右，不仅减肥效果特别好，还可调经顺气，调治乳腺增生。

对于肥胖的美眉来说，她的激素水平一定很高，其肝脏灭活雌激素的功能降低了，因此乳腺增生症状会相对来说严重一些。用这个方子来治疗，无副作用，不用打针吃药。

选购要点 好的山楂片颜色应该呈山楂果原色，组织细腻，口感略为疏松，酸甜适口；肉桂粉是由肉桂或大叶清化桂的干皮和枝皮制成的粉末，它有一种令人喜爱的芳香、温和、甜美的感觉，选购时可闻一闻；选生姜颜色应挑本色淡黄的，用手捏肉质坚挺，不酥软，如果闻到淡淡的硫磺味，千万不要买。

购买地点 正规中药店、中医诊所。

山楂肉桂生姜汤

每天一杯养乳五谷豆浆

对于“肝淤血滞”型女生（这类人多数情绪不稳定、容易发怒和忧郁。她们多为热性体质，经期前乳房会疼痛），这是一道很好的宽心理气、疏肝解郁、养护乳房的饮品。

配方 干红豆、干绿豆、干黄豆、燕麦片、大米、黑米各 10 克

做法 将大米、黑米、燕麦片洗净，所有豆类预先泡好，后将所有材料放入豆浆机，十几分钟后即可饮用了。

这道饮品可在每天早上当早餐或晚上睡觉前饮用，其中，绿豆清热解毒；红豆宽肠理气；黄豆含大量蛋白质，还有植物雌激素；燕麦等含有丰富的蛋白质、氨基酸，这些食物混在一起可疏肝解郁、健脾养胃、宁心安神。

豆浆南瓜汤，瘦身又健乳

《本草纲目》记载南瓜“补中益气”，可以生肝气、益肝血；百合干可解毒、理脾健胃、促进血液循环；再搭配高蛋白的豆浆，能减少体内多余的脂肪、排出乳腺的毒素。

配方 南瓜 250 克、豆浆 250 克、百合干 30 克、蜂蜜 15 克

做法

1. 南瓜去皮去籽切块，百合干浸泡一夜；二者加入 500 克清水，同煮。

2. 大火烧开，转小火慢慢炖，直到南瓜酥软，倒入豆浆煮沸，加蜂蜜调味即可。

常喝小米汤，让双乳及全身的肌肤吹弹可破

小米营养丰富，含铁、蛋白质、维生素，《滇南本草》记载“小米”为“主滋阴，养肾气，健脾胃，暖中”。长期服食小米汤可滋阴补肾，有丰满乳房、美白全身肌肤的功效。

配方 小米 150 克

做法 将洗净后的小米与水一同在沙锅里煮，煮到浓稠状时，舀其表面的厚汤食用，每日 1 次。

选购要点

色泽：新鲜小米色泽均匀，金黄有光泽；染色后的小米，深黄无光。

气味：染色后的小米有染色素的气味。

水洗：染色后的小米，用温水清洗时，水色显黄。

慈禧太后的丰胸秘方：黄芪红枣茶

据说这道芪枣方是清朝的太医特别为慈禧研制的丰胸秘方。方中，黄芪行气活血，红枣生津、调节内分泌，常喝有丰胸、保护子宫的效果。每天 1 ~ 2 杯，效果很好。

配方 黄芪 3~5 片，红枣 3 粒

做法 用滚水冲泡，待温热时饮用。

选购要点 黄芪看其断面，中心的圆越大，年限越久，效果也就越好。

注意事项 中医认为黄芪固表，不让外邪入侵，而春天是生发的季节，人体需要宣发，因而你春天不宜吃黄芪。同样的道理，当人已经感冒、处于经期，身体已经感受外邪的时候，如果吃黄芪，就会变成闭门留寇，把病邪关在体内。

喝什么可以帮助乳房第二次发育：山药苹果汁

山药具有的植物性荷尔蒙具有丰胸效果，其中大量的黏液蛋白可以帮助胸部二次发育。《本草纲目》中记载山药“健脾补益、滋精固肾”，再加上它补中益气，自然能丰胸。而苹果素来被称为“美容之王”，其中的维他命 C 能抑制皮肤中黑色素的沉着。牛奶含有丰富蛋白质，能提供丰胸所必需的营养素。

配方 新鲜山药 30 克、苹果 1 个、牛奶 220 毫升

做法 山药与苹果去皮、切块。加入鲜奶一同用果汁机打成汁，即可饮用。

吃什么可以帮助乳房第二次发育：酒酿蛋

酒酿蛋是非常传统的丰胸食品，它不仅可以提供丰富的蛋白质给胸部，更重要的是其中发酵产生的酶类、活性物质和B族维生素有利于乳腺发育。《随息居饮食谱》记载，酒酿“补气养血，助运化”，因而还可以缓解痛经。

配方 酒酿、红糖各少许，鸡蛋1个

做法 清水煮沸，鸡蛋打进后立即关火，再加入酒酿和红糖，就可以食用了。

选购要点 酒酿有新有旧，选择时，最好用老一点的酒酿，味道会较浓、较香。选购时，可以看玻璃罐中的米，米的中央有一个洞，洞大是老酒酿，洞小的是新发酵的酒酿。

购买地点 酒酿在超市买得到，用一小瓶玻璃罐装着的。

丰胸，怎么离得开四物汤

关于“四物汤”，西医认为有纠正贫血的功效，而在中医临床应用中，“四物汤”已有千年历史，被载于中国第一部国家药典——宋代《太平惠民和剂局方》，是临床常用的补血活血调经的良方，被称为“妇科圣方”。可丰胸、补血调血、对子宫、乳腺有很好的补养效果。

配方 当归12克、川芎12克、白芍12克、熟地黄16克

做法 所有材料与3碗水，煎煮成1碗饮用。第二次继续煎煮时（药材煮过之后最好不要放置隔夜再煮），将以前煮过的材料与2碗半水，煎煮成半碗饮用。

服用方法 早晚各空腹饮用1次。

选购要点

当归：通常以主根大、身长、断面黄白色、气味浓厚者为佳品。目前市面上有一些不良商家以另一种药材“独活”来冒充“当归”，你在购买时一定不要贪便宜，要相信“一分钱一分货”。

熟地黄：选购时以个大、体重、质柔软油润、断面乌黑、味甜者为佳品。

购买地点 正规中药店、中医诊所。

注意事项 四物汤具有温燥性质。如果你体热，服用容易上火、口干舌燥；另外，假如你胃肠不好，汤里面的熟地黄、当归也可能引起腹泻。

丰胸可以用食疗：丝瓜瘦肉汤

此菜可在中晚餐食用。其中，丝瓜中含有丰富的蛋白质与矿物质以及脂肪、糖类。《本草求真》也赞其功效："以其通经达络，无处不至。"常吃此菜，活络通经，补充全身气血，对胸部发育不全的女生特别好。

配方 丝瓜 350 克、猪瘦肉 120 克、豆浆 400 毫升、盐少许

做法

1. 泡好黄豆，用豆浆机打好备用。现在外面买的好多豆浆都是豆浆粉兑的，营养不如自己打的好。

2. 切成片状的丝瓜与猪肉放入豆浆中一起煮，搅拌均匀，等肉片熟后，加入适量食盐就可以吃了。

选购要点 选购丝瓜应选择皮色为嫩绿或淡绿色的，皮色枯黄、瓜皮干皱、瓜体肿大的丝瓜不要买。

丰胸还要配茶饮：龙眼大枣茶

龙眼及大枣具有生津补血、滋阴补阳的功效，常常饮用，胸部会慢慢变得健美。

配方 龙眼肉 100 克、大枣 10 粒

做法 将龙眼肉和大枣放人 2000 毫升的水中熬煮，龙眼肉膨胀时，就可以饮用了。茶汤底的龙眼肉及大枣都可以食用。

选购要点 龙眼的果皮要选择无斑点、干净整洁的。优质龙眼果肉会看起来很透明，有水分，反之则是干瘪的样子。

购买地点 大型超市、菜市场。

注意事项 龙眼性热，孕妇应慎食。

天天都可以喝的美白丰胸茶：蒲公英党参茶

对于情绪不稳定、容易发怒的“肝淤血滞”型女生来讲，这道茶饮丰胸、美颜、去火的效果很好。其中，蒲公英根富含雌激素、去火物质，能促进胸部脂肪生长，排除体内毒素，再搭配有活血美白效果的杏仁和党参，效果更佳。

配方 干蒲公英根 3 克，党参 3 克，杏仁 5 克

做法 洗净原料，用 250 毫升开水冲泡饮用。

购买地点 正规中药店、中医诊所及信誉好的网店。

注意事项 蒲公英性寒，女生在经期最好不要服用。

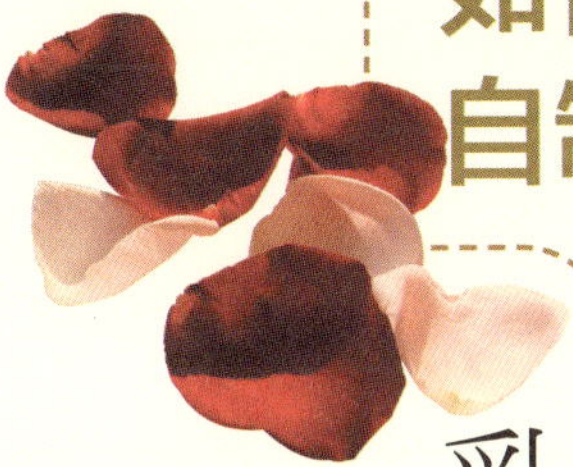

如何让乳头、乳晕变粉嫩：自制玫瑰贴

乳头、乳晕的颜色与人的正常生理功能是分不开的。进入青春期后的女孩子，乳晕范围会扩大，颜色也逐渐变深。怀孕后，体内雌激素迅速增多，乳头乳晕的颜色也发生变化，成为褐色或者黑褐色。另外，乳头乳晕颜色的变化也与个人体质、吸吮、过度刺激等等都有关系。

虽然说，乳头乳晕颜色加深是正常的现象，但是仍有很多女性为此苦恼。下面就有一个很简便有效的方法，可以让乳头乳晕的颜色变得粉嫩，让你轻松做一个“粉红”女郎。

临睡前，先用具有美白效果的柠檬汁擦拭乳头乳晕，再用牛奶泡过的红玫瑰花瓣敷在乳晕上。坚持 2 个月会有惊喜发现！

乳头皲裂，云南白药加香油调匀抹上就好

乳头皲裂是由多种原因引起的“乳头部皮肤干燥皲裂”的病症。一般发病缓慢，刚开始时，只是感觉皮肤发干发紧，弹性减退，后来会出现不同程度的疼痛，让人烦恼不安。

中医认为，这种病多为气血亏虚，肝胃郁热所为，应当清肝泄胃，补益气血，外治法对本病效果很好。

做法 清洗局部后，取适量云南白药加少许香油调匀，外涂乳头皲裂处，每日 2 ~ 3 次，连续涂 2 ~ 3 天。

这个方法不仅简便有效，还可以活血润肤。记得宝宝吃奶时，用温水清洗哦！

为乳腺排毒：益母草煮鸡蛋

《本草纲目》记载“益母草”为“活血，破血，调经，解毒”。此方对乳腺和子宫特别好，还比较美味。

配方 益母草 15 ~ 30 克，鸡蛋 2 个，红糖适量

做法 益母草与鸡蛋放入适量水中同煮，鸡蛋刚熟时剥去蛋壳，加红糖，再煮片刻，然后吃蛋喝汤，适宜妇女产后食用，可以为乳腺、子宫排毒。

多吃山药，乳房不松不下垂

山药一向被我称为神仙药，她是女人最棒的食物。人都会老去，其实就是脾胃在慢慢虚弱，皮肤渐渐没有弹性，气血不再充足，乳房下垂，胃下垂，子宫下垂，非常可怕。而治疗脾虚最好的东西就是山药，它补脾又益肾，并且没有任何副作用。

《本草纲目》认为，山药能“健脾胃”，脾胃不虚则气不虚，乳房自然不下垂；而且山药中的黏液蛋白还可以帮助胸部二次发育。

我们可以看到山药的黏液其实和女人性生活分泌的黏液很相似，其实山药的黏液就是补充女人黏液的。

做山药的吃法很多，最简单的就是去正规中药店或者信誉度好的网店买点山药粉，直接冲开水食用，可以加点葡萄干、蜂蜜或者果仁，非常好喝。

还可以在一天三餐中喝**山药粥**。

配方 山药 100g、粳米 200g、赤砂糖 10g

做法 鲜山药洗净切片，与粳米同煮粥，再放入适量赤砂糖，搅拌即可作早、晚餐食用。

选购要点

山药选购主要看以下 3 点：

1. 重量，相同大小的山药，重者好；
2. 须毛，相同品种的山药，须毛越多的越好；
3. 横切面，肉质雪白的为新鲜品，呈黄色就不要购买了。另外，如果是表面有异常斑点的山药绝对不能买，山药怕冻，冬季购买时，可用手将其握几分钟，山药出汗则表示受冻，不可购买。

购买地点 超市、菜市场都可购买新鲜山药，山药粉可在正规中药店、中医诊所及信誉好的网店购买。

注意事项 一般人群皆可食用，但由于山药具有收敛作用，所以大便干燥、感冒或发烧人群，要避免食用。

防下垂，抗癌，离不开红薯

我从小就很喜欢吃红薯。红薯味道甜美，价格亲民，且是补脾、抗癌的明星食品。《本草纲目拾遗》等古代文献记载，红薯有“补虚乏，益气力，健脾胃，强肾阴”的功效，使人“长寿少疾”，而女性乳房之所以下垂就在于脾虚、气力不足。脾胃虚弱、时常感觉乏力、胸部不坚挺的女生都应该多吃红薯。

并且有研究称，饮食中最具有抗癌作用的营养物质是 β－胡萝卜素（维生素 A 前体）、维生素 C 和叶酸，而在红薯中三者含量都比较丰富。

我比较喜欢将红薯蒸着吃，买个蒸锅，下面在煮粥，上面放个红薯，简便又美味，蒸红薯也的确最营养。

另外，还可以吃**烤红薯**，微波炉 3 分钟就可以做好。

做法

1. 红薯不去皮，洗干净，放到微波炉专用碗中，不加水，盖好，高火三分钟。（100 克左右的红薯 3 分钟即可，若同时烤几个，就增加时间）

2. 取出后，若是薯心有点硬，就再丢进去 1 分钟。（时间不能长，否则变成薯干，营养流失）

选购要点 外表干净、光滑、形状好、坚硬和发亮的红薯为上品，如果红薯发芽、表面有黑洞，表明不新鲜，不要买。

购买地点 超市、菜市场都可购买。

注意事项 不要吃太多，会引起反酸烧心、胃肠道胀气。

爱生气，伤乳房，用玫瑰花泡水喝

去年我在门诊接诊过一个女病人，她家里是做水龙头生意的，自诉平常脾气暴、说话冲，在人际交往中老是出现不顺，生活和事业一直以来处处碰壁，后来她的乳房就常常一阵阵疼痛。

听她讲了自己的情况，我知道这是肝火太旺，就给她开了一点治气滞郁结的中成药，还给她点了太冲穴，又告诉了她一些饮食的疗法，重点向她推荐了玫瑰花茶，叮嘱她回去后每天都喝。

过了有 3 个月吧，她打来电话很开心地说：“王医生，我不疼了，您知道吗？我今天卖水龙头卖了 2000 多块呢！”原来她照我

讲的方法实施后，又注意调理性格，见谁都和和气气的，自然生意和身体都好起来了。

玫瑰花调理肝气郁结非常好，药性非常温和，能够温养人的心肝血脉，舒发体内郁气，安抚、稳定情绪。日常用它来泡水喝，莫名的烦躁会减轻，生气后对乳腺造成的伤害也会少很多。

对于女生来说，经常喝玫瑰花茶，还能让自己的脸色和玫瑰一样红润美丽，因为玫瑰有行气活血、化淤、调和脏腑的作用。

配方 玫瑰花 4 颗，冰糖适量

做法 开水泡开，3 分钟后饮用。

选购要点 选购时注意，无花片、梗子和碎末等，掂起来较重，花形饱满、色泽均匀，无异味者是佳品。市面上卖的玫瑰花蕾中，有相当部分是加了硫磺的，因为可以长时间放置，花色不褪。所以要记住，硫玫瑰花色泽鲜艳，味道平淡；无硫花茶颜色自然，醇香清冽。如果泡出水的颜色为蓝色或红色，表明含有不明物质；正常玫瑰花是淡黄色或黄色！

购买地点 超市、正规中药店。

注意事项 如果你是热性体质，泡茶时请别超过 4 颗，可以加一点冰糖。此外要注意，月经量过多的女生经期最好不要饮用，因为玫瑰花活血散淤，容易让月经量更多。

用炒菜的方法给人治病：黄花菜炒绿豆芽

我原来刚开始工作的时候，有一个邻居牛大爷，大约70多岁了，是个老中医。他有一次给人看乳房肿块，就抄了这个方子，我看到了，便问道："牛大爷，您用炒菜的方法给人治病，还挺好，一点儿副作用没有。"牛大爷哈哈笑道："这方子我不知给多少人用过，有效着呢。"

那时，我都随身带着笔记本，就记录了下来。如今我也介绍给患者用，深受欢迎，牛大爷若是活到现在该100多岁了吧，他的方子依然在造福他人。

配方 黄花菜100g，绿豆芽250g，花生油、陈醋、盐各适量

做法

1. 黄花菜用开水焯过，泡在冷水中2个小时，捞出沥干。绿豆芽洗好沥干。

2. 以花生油炒黄花菜，加入绿豆芽，紧跟着放适量陈醋，如此才能锁住豆芽里的维生素C。

3. 翻炒，放盐，至豆芽菜软了就成了。

营养小常识 黄花菜具有清热解毒、止渴生津、利尿通乳的功效，绿豆芽含有丰富的维生素C、膳食纤维，能调通经脉，解诸毒，还能预防癌症。二者同食，具有较好的健脑、益智、抗衰老功能，还可以预防乳腺增生，消除乳房肿块。

选购要点 应避免购买黄灿灿、色泽诱人的黄花菜，它们多数被硫磺泡过，气味刺鼻，味酸。挑绿豆芽要看色与形：看着不干净，夹杂黄色，肯定是以劣质水发的；形状特别粗大的也不是佳品。

购买地点 超市、菜市场。

注意事项 肠胃不好，脾胃虚寒，平素痰多，尤其是患哮喘病的女性不宜食用。

消乳房肿块的中医方：甘草 + 葡萄

我有一个患者，大约 40 岁左右的年纪，乳房有肿块，迁延不愈，心里一直挺疙瘩。她也经常到门诊来检查，就怕这个肿块增大了。后来她得到一个中医偏方，问我说这个东西行吗？我说也没什么副作用，看着还挺好，你就回家试试吧，你要回家试了感觉有效果了，就再来检查一下。那时正是 8 月份，葡萄产出的季节，她吃了大约 1 个多月的甘草粉拌葡萄，再来复查时，肿块竟然真的变小了很多，她高兴得不行。后来我也把这个方子介绍给其他人用过，效果都很好。

配方 甘草片加工成粉 5g，20 粒去皮葡萄，葡萄干

做法

1. 将甘草粉与去皮葡萄搅拌即可食用。
2. 甘草粉 5g 冲水喝，再吃葡萄干 50 粒。

这个方子是老中医世代相传下来的，连续吃上 5 天，肿块就会变小，效果很好。

选购要点 甘草粉是用甘草片磨成的粉末状物体，甘草片为棕色片或棕褐色片，气臭，味甜；葡萄干的品质主要从颗粒、干潮、色泽、口味等四方面加以鉴别：粒大、壮实、柔糯为上品，嫩小、瘪子不佳；成把攥紧后放开，散开为干，粘连为潮，若破裂则更潮；绿葡萄干被舔去表面糖霜后，色泽晶绿透明，不暗黄，红葡萄干去掉糖霜后则呈紫红色，半透明，黄褐色或黑褐色者不能买；口味以甜蜜鲜醇、不酸不涩为佳品，有发酵气味的表明已经变质了。

购买地点 正规中药店、中医诊所及信誉好的网店，水果店。

注意事项 水肿人群慎用，防止水液代谢。

多吃芋头，乳房不疼

在上海华山医院进修的时候，我的老师常常跟病人念叨：“你们女生回家多吃‘芋艿’啊！乳房不疼哦！”我是北方人，本来听不懂上海话，更搞不清什么是“芋艿”。后来一查，才知道“芋艿”原来就是“芋头”！

“芋头”吃法很多，也没有那么多讲究，但一定要吃熟的，因为生的有毒。可以蒸熟了直接吃，或者蘸点白糖，都可以。每天两三个就够了。它缓解乳房疼痛的效果特别好。

选购要点

1. 拨开那些皮毛，看看有没有发霉腐烂、硬化、干萎以及斑点等痕迹；

2. 新鲜的芋头一般都是比较硬的，本身也带着一点湿气；

3. 芋头的体型一般都是越大越好，相同大小越轻越好；

4. 用刀稍稍切开根须部位，切口处的乳白色黏液如果十分浓稠、白、能够很快干结成白色小粉，是佳品。

购买地点 超市、菜市场都可购买新鲜芋头。

注意事项 过敏体质者、胃肠不适者、糖尿病患者，不宜食用。

轻度乳腺增生不需要吃药，橘核泡水喝

很多女孩喜欢在办公室放些花草茶泡水喝，这个习惯非常好。其实还有一种可以泡水喝的东西，对治疗轻度乳腺增生效果特别好，不需要用药就能痊愈，那就是我们平时吃橘子丢掉的——橘核！这种东西可以到药店去买，取 5 ~ 10g，泡上就喝一整天。

选购要点 橘核略微呈卵形，光滑，闻一下气味不明显，味苦，一般选择时以色黄白、子粒饱满、大小均匀者为佳。

购买地点 正规中药店、中医诊所及信誉好的网店。

乳腺增生，月经发黑、发暗，吃加味逍遥丸

我有一个女病人，老公喝多了酒，莫名其妙和一个女人发生了关系。老婆一时间受不了这个打击，乳腺增生疼得受不了，来找我看病时，说着说着就哭了起来。我静静听她说完，问了一句："还想和他过下去吗？"她不说话，又开始抹眼泪，跟她谈了谈病症后，我就给她开了一盒6块多钱的加味逍遥丸，说你没事，吃点这个吧，又拍拍她的肩："如果还想过下去，就照我说的做。"

这女人回家后，什么也没跟老公说，只是照常给老公做饭洗衣，上班，也按时吃我开的药，渐渐疼痛缓解了。一星期后，老公跪在她面前抽自己嘴巴子，俩人抱头痛哭。这女人如今家庭和睦，乳腺病也好了，和我成了很好的朋友。

另外，大多数的乳腺增生患者，还会存在月经发黑发暗有血块的情况，这时也可以遵医嘱口服一些加味逍遥丸，疏肝解郁，效果特别好，并且它是纯中药，价格也便宜。吃个几天之后，就会发现乳房的疼痛不那么明显了，月经发黑发暗的情况也得到很大改善。

注意，这个药不能长期吃，如果乳房胀痛非常严重的人，每次月经前七天开始吃，来月经后赶快停药，因为继续吃会导致月经过多。

购买地点 一般选择在"同仁堂"购买即可，注意查看服用截止日期。

梅花粥：南宋传下来的治“急性乳腺炎”妙方

《山家清供》是我很喜欢的一本南宋名著，作者叫林洪，是一位博学多识的进士。他在诗画方面都很有研究，尤其值得赞赏的是，他在园林、饮食养生方面也颇有建树。

他所著的《山家清供》是南宋流传下来的最完整的的食谱，主要记录“山居饮食”，以山野所产的蔬菜、水果、肉类为食材，其中所提到的很多食疗方，让后人受益无穷。

这道“梅花粥”就是其中流传下来的治疗急性乳腺炎的方子，突发急性乳腺炎时，乳房会红肿热痛，体温升高，梅花粥疏肝理气，解热毒，治疗急性乳腺炎效果很好。

据说林洪当年很崇尚林逋，自称为“林逋七世孙”，林逋当年隐居山林，以梅为妻，以鹤为子，极受后人钦羡。而林洪在《山家清供》中所提及的食疗方，也都是高洁芬芳，用的都是纯天然的野生食材，不能不说与林逋的纯自然理念意味相通。

配方 白色干梅花 3 ~ 5 克，粳米 50 ~ 100 克

做法

1. 先将粳米煮粥。

2. 白梅花用冷水冲洗去掉灰，待粥将熟时，放入，煮 2 ~ 3 沸即可。每天吃 2 次，空腹温热食用。

购买地点 如果没有新鲜梅花，可以去中药店买干的梅花。

调理急性乳腺炎的两个有效外治法

1. 鲜仙人掌去皮刺后捣烂，外敷患处，每日 1 次，3 日 1 个疗程。

2. 鲜蒲公英捣烂成汁，加少量蛋清或白酒，外敷患处，每日 2~3 次。

吃马齿苋，外敷马齿苋，乳腺不发炎

大约二十年前，我还在妇幼保健院时，一个住院病人有轻微的乳腺炎。有一个年纪较大的医生告诉她，马齿苋对乳腺炎有疗效。她婆婆那时陪着她，老人家去采了些马齿苋，剁成糊糊，给糊在媳妇的乳房上，那时病人的乳腺炎还没有化脓。第二天烧就退了。后来我们医院的乳腺科医生都把这个方子介绍给其他病人，治疗轻度乳腺炎很好。

吃马齿苋对乳腺也有好处，也可以治疗乳腺炎。还能收缩子宫，消炎，减少产后流血。

马齿苋可以凉拌也可以做粥，因为马齿苋是凉性的，煮粥时可以加入一点热性的红豆。煮的时候，可以直接剁碎了跟大米煮，或者你要是不愿意吃那个菜，可以把它包在纱布里面煮，只要汁液就行，具体食材量根据你平时用其他食材的量估计一下就行了。这个粥煮出来非常好看，颜色红彤彤的。

还可以将马齿苋洗干净，摘成段，锅内烧水加盐和油，待水开后放入马齿苋焯水，呈现碧绿色时捞出来根据自己的口味凉拌。

营养小常识 马齿苋有清热解毒，利水去湿，散血消肿，除尘杀菌的作用，对乳腺炎、痢疾、肠炎、肾炎、产后子宫出血、便血都有疗效。很多人在月经前会长痘痘，用马齿苋煮水擦脸，痘印去除干干净净！

选购要点 好的马齿苋其茎是平卧或斜倚的，扔在地上会铺散开，长 10 ~ 15cm，呈现淡绿色或带暗红色。

购买地点 超市、菜市场。

注意事项 马齿苋为寒凉之品，忌与胡椒、该粉、鳖甲同食，同时脾胃虚弱者、腹泻者及孕妇忌食。

凉拌马齿苋

要想乳腺没毛病，常吃小小蒲公英

我自己没事的时候经常去采点蒲公英来吃，对乳腺有保健作用。而且我也经常让患者用蒲公英颗粒来治疗早期乳腺炎。蒲公英颗粒是一种药，在中药店就能买到，60克蒲公英颗粒，加上20克的干金银花，放水中煮15分钟，当茶喝，治疗早期乳腺炎效果特别好。平常一日三餐时还可以食用**凉拌蒲公英**。

主料 蒲公英一大把

辅料 蒜瓣3颗、剁辣椒、盐、蚝油、香油、鸡精各适量

做法

1. 烧开水撒入盐少许，将洗净的蒲公英焯一下赶紧捞出，放冷水里泡一会儿。
2. 蒜瓣剁碎，加剁辣椒、蚝油、鸡精、香油搅拌成汁。
3. 捞出蒲公英，挤出水分，淋入调好的剁椒汁，拌匀即可。

营养小常识 蒲公英的叶子有改善湿疹、舒缓皮肤炎的功能，其根则具有消炎作用，吃蒲公英可以预防乳腺炎，治疗乳腺增生。而且它杀灭金黄色葡萄球菌效果特别好，每年春天时可以自己采摘一些凉拌、做馅儿包饺子，好吃又健康。

购买地点 超市、菜市场，春天时可在郊外野地采撷。

注意事项 蒲公英性寒，阳虚外寒、脾胃虚弱者忌用，且要注意用量不宜过大，否则会腹泻。

红豆汤：消肿、通乳的“神器”

据《产书方》记载，“煮赤小豆汁饮，可下乳汁”。红豆富含叶酸，热量低，且富含维生素E及钾等活性成分，具有清热解毒、健脾益胃、补血生乳等多种功效。

配方 红豆、水（水量可以自己掌握，一般情况下是一碗豆子两碗水）

做法

1. 头天晚上睡觉前泡上红豆，第二天一早就可以用。

2. 将水和红豆一起煮开，再用文火将红豆煮到酥烂，可以依据自己的口味加些白糖。

选购要点 颜色鲜亮、均匀饱满的是上品，有一个简单方法，可以把红豆倒在淡盐水里，如果红豆完全浸没在水中就是佳品，浮起来的则不好。

购买地点 超市、菜市场。

注意事项 尿频的人少吃，因为红豆利水。

多吃大白菜，远离乳腺癌

其实很多日常的食物都是良药，但大多数女生却不知道，比如大白菜，就是一剂很好的预防乳腺癌的良药。曾有一对母女来找我看病，女儿30多岁的年龄，母亲已经60多了，女儿检查出是早期乳腺癌，万分之幸！

给她检查后，我安慰她："没关系！发现得早！"母女二人才算松了口气。后来闲聊时，女儿就向我抱怨道："王医生，您说我怎么这么倒霉，好好的就得乳癌了，我也没有家族遗传病史啊！您看我妈妈，活这么大岁数了，从不像我，七病八灾的！我怎么就没遗传到这些好的呢！"我笑道："你别这样想，每个人体质不一样，就算是母女，整天一锅吃饭，一床睡觉，也可能一人得乳癌，一人啥事没有的。"

"对啊对啊，我妈妈和我生活没什么差别啊，都一样。""那也不一定，可能你妈妈的某些习惯跟你不一样呢，比如她爱吃的东西，你都爱吃？""我妈就爱吃白菜，大白菜，整天煮汤啊，清炒啊，我看见那白白的就头疼。""哎！你还别说，没准就是这个原因，白菜可是个好玩意儿呢，它的确可以预防乳腺癌。"

美国纽约激素研究所的科学家曾做过一个研究，为什么中国和日本的女性乳癌发病率要远远低于西方？各种综合原因中就包含中日女性吃的白菜比西方多。据调查，每10万妇女中，每年乳腺癌的发病人数为：中国6人，日本21人，北欧84人，美国91人。这些数据或者研究可能不准确，但白菜可预防乳腺癌的功能却是不可置疑的。

科学研究表明，白菜中含有一种叫做"吲哚-3-甲醇"的化合物，约占干白菜重量的1%。女性每天吃450克的白菜就能吸收500

毫克的“吲哚 -3- 甲醇”。它能帮助分解与乳腺癌有关的雌激素。

要注意的是，腐烂的白菜含有大量毒素，其中的亚硝酸盐会导致人体缺氧、致癌。隔夜的熟白菜和未腌透的白菜也不要去吃。下面介绍一道清亮又美味、人人都会做的**白水煮白菜**。

配方 适量白菜叶、白水

辅料 可根据自己的喜好调味（蒜泥、姜片、葱末、盐、香油等等）

做法

1. 适量凉水在锅中煮沸、白菜切成丝，放入沸水中淹没，煮大约 1 ~ 2 分钟。

2. 白菜盛起后，蘸自行调味的蒜泥、姜片、葱末、盐、香油吃即可，非常美味。

选购要点 由于白菜廉价，而一般的保险方法成本又太高，所以有些不法商贩会使用甲醛当做保鲜剂，喷了甲醛的白菜白净鲜亮，往往让消费者更为喜欢。买白菜时一定要多闻闻，烹饪前记得摘除外层的叶子，用清水泡泡叶片，甲醛遇水会挥发得很快。

购买地点 超市、菜市场都可购买。

注意事项 大白菜性寒凉，气虚胃寒、腹泻者不要吃。

第四篇

这样做，前凸后翘没问题

“女人最怕没人回头看。乳房是长在自己身上的好姐妹，姐妹花一起闪耀出动当然比一个人无聊得搔首弄姿更能引人注意，所以我从不敢放松对这两块土地的修整保养。”

——吴君如（中国香港著名女演员）

“我生过小孩，胸部应该不是像现在坚挺的样子，但坚持不断地实行‘拨奶’步骤，使少女的体型一直保持到现在。我的身体我主宰。”

——伊能静（中国台湾艺人、娱乐圈才女）

“我每晚都会按摩胸部 15 分钟，然后不戴 bra(胸罩)睡觉。”

——朱茵（香港影视歌多栖著名女艺人，被称为娱乐圈中的“性感女神”）

- 神奇的“乳房止痛开关”——一按就灵验
- 乳房下垂、疼痛——双手交叉往上推乳房
- 月经期可以点穴吗
- 生气后，乳房不舒服，按太冲穴、膻中穴
- 乳腺增生导致胳膊痛，每天点按极泉穴
- ……

神奇的"乳房止痛开关"——一按就灵验

多年的临床经验，我总结出一个快速缓解乳房疼痛的好方法，我给它起名叫做"乳房止痛开关法"。这个"开关"的位置就在你的后背肩胛骨这儿，与乳房上的痛点是前后对应的。在乳房某一处疼痛的时候，可以让家人攥住拳找到对应位置，以指根点揉、按压，或者以指骨点压整个肩胛骨，疗效奇快，立即见效。

乳房在肩胛骨处对应的是腧穴，一点就会有立竿见影的效果。曾有患者亲切地称呼肩胛骨这里为"小翅膀"，非常贴切。

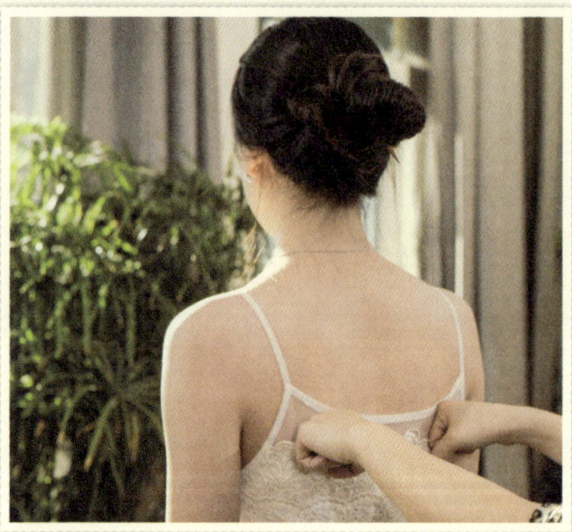

乳房下垂、疼痛——双手交叉往上推乳房

乳房是身体很容易存气的部位，气为血之母，气滞就会血瘀，因而产生疼痛。每天不论站立还是坐姿，双手交叉，托住乳房往上慢慢推，慢慢放。推的过程中你会感觉后背发凉，或者是会打嗝儿，气血活络了，一会儿就觉得全身轻松。每天坚持推30下，也不费什么劲，乳房疼痛、下垂都会得到改善。

月经期可以点穴吗

很多人不知道月经期间是否可以点穴，其实早期是可以的，晚期就尽量不要点穴了。

总有人为找不准穴位而发愁，其实找准穴位很简单，只要注意两点就好：

1. 当手指压到穴位上时，会感觉仿佛里面有个**凹洞**，特别**柔软**。

2. 手指按压穴位，会有轻微**酸麻感**；感觉敏锐的人，甚至会有**温热感**。

生气后，乳房不舒服，按太冲穴、膻中穴

太冲穴位于位于足背侧，当你心情不好、长吁短叹胸闷、想发脾气的时候可以点这个穴位。点穴后，会依次感到后背热、腋窝热、乳房热，疼痛过后全身气血活起来了，非常舒畅！有的女孩月经发黑发暗有血块，轻度乳腺增生，就是很爱生气，肝气郁结导致的，这时只需点太冲穴，不花钱就能通肝经。

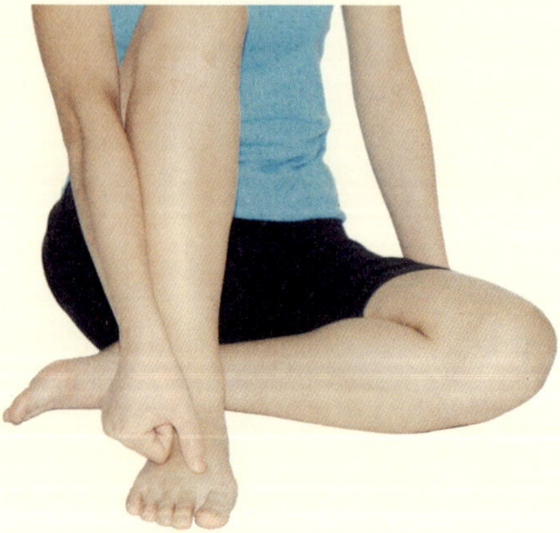

太冲穴：第一、二趾跖骨连接部位中，间隙的后方凹陷处

好妈妈枕边书

《放心喂母乳：不松弛 不下垂 不外扩》
出版社：江西科学技术出版社
书号：978-7-5390-5079-9
定价：36元　开本：16开
出版日期：2014-7

《孩子发烧怎么办》
出版社：天津科学技术出版社
书号：978-7-5308-9369-2
定价：36元　开本：16开
出版日期：2014-5

《教孩子比IQ更重要的事》
出版社：光明日报出版社
书号：978-7-5112-6763-4
定价：32元　开本：16开
出版日期：2014-9

《妈妈是孩子最好的英语老师》
出版社：北京联合出版公司
书号：978-7-5502-3332-4
定价：39.8元　开本：16开
出版日期：2014-8

健康课微信
为您提供最优质的健康知识

订购电话：010-64360026转发行部
淘宝商城（紫图图书专营店）：
http://ztts.tmall.com

紫图·魅力女人馆　人生可控 你可以做自己想成为的女人

《爱自己的女人会调养》

百万级畅销书《手到病自除》作者
杨奕奶奶写给女人一生的体质保养书
2015专为女性健康量身打造的暖心之作

出版社：江西科学技术出版社
定价：39.9元　开本：32开
出版日期：2015-4

女人会有很多不方便与医院就诊的问题，本书就是让你不仅依靠医院的治疗，自己就可以通过按摩反射区、贴耳豆、艾灸拔罐、泡脚敷脐等简单易学的方法调理身体，自查自诊，自我调理，将疾病控制在未病、控制在早期。

《你要好好爱自己》

中国第一心灵作家毕淑敏给你温暖和力量，30年写作生涯巅峰之作，比张德芬更温暖，比张小娴更深情

出版社：北京联合出版公司
定价：39.9元　开本：32开
出版日期：2015-4

无论人生经历怎样的伤痛、苦难、羁绊，都不可否认生命另外一些关键词：温暖、光明、柔和、仁慈……生命本身带着自我疗愈的力量，这种从不改变永远也不会被灭掉的劲儿就是好好爱自己。

《做让人无法拒绝的女人》

拥有让人无法拒绝的征服力，才是成大事者功成名就的武器

出版社：北京联合出版公司
定价：39.9元　开本：32开
出版日期：2015-4

讲述历史上有影响力的32位名女人（如慈禧、武则天、戴安娜王妃、埃及艳后、上官婉儿、貂蝉、王昭君等）传授给现代女人的心计秘帖，教会你如何运用自身优势和心计博得最大支持，让人无法拒绝，进而得到自己想要的成功。这些历史上的名女人不仅美丽，更有大智慧，跟她们学自觉、自信、作态、借势等秘笈，在竞争激烈的社会中取得自己想要的成功。

好妈妈枕边书

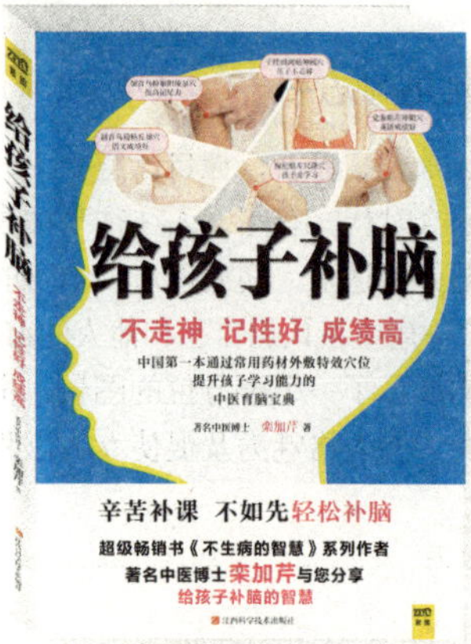

《给孩子补脑：
不走神、记性好、成绩高》
出版社：江西科学技术出版社
书号：978-7-5390-5231-1
定价：32元　开本：16开
出版日期：2015-1

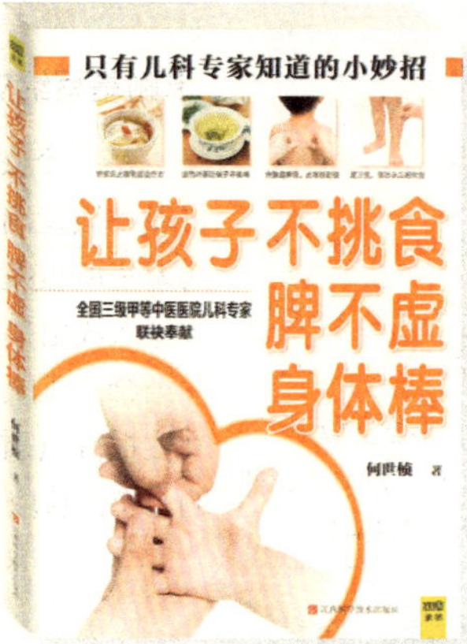

《让孩子不挑食、脾不虚、身体棒》
出版社：江西科学技术出版社
书号：978-7-5390-5209-0
定价：32元　开本：16开
出版日期：2014-11

《让孩子不发烧、不咳嗽、不积食》
出版社：江西科学技术出版社
书号：978-7-5390-4791-1
定价：32元　开本：16开
出版日期：2014-1

《脾虚的孩子不长个、胃口差、爱感冒》
出版社：江西科学技术出版社
书号：978-7-5390-5178-9
定价：32元　开本：16开
出版日期：2014-9

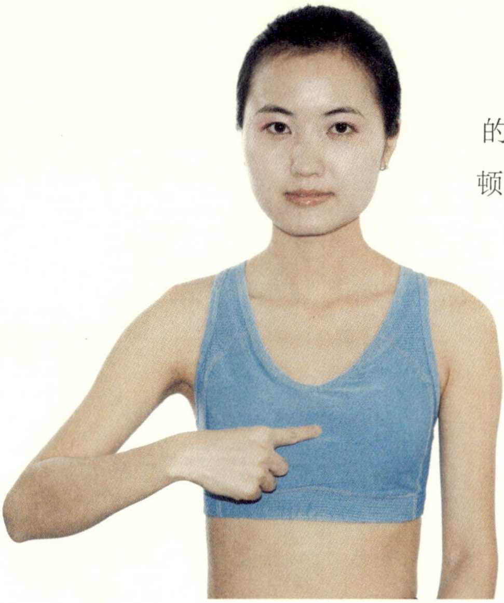

还有一个穴位很好找，就在两乳头连线的重点，叫“膻中穴”。有一个成语叫“捶胸顿足”，捶的就是这个穴位，人极度生气的时候，气运行不下去，就得点这个穴位，如果还下不去，就得跺脚了！爱生气的女孩子，或者是什么都不爱说闷在心里的女孩子，没事的时候都可以自己点点这个穴位。

膻中穴：两乳头连线的重点

乳腺增生导致胳膊痛，每天点按极泉穴

极泉穴位于腋窝顶点，腋动脉搏动处。每天捏捏腋下此处，可缓解乳腺增生，有的时候乳腺增生厉害的时候，胳膊都疼，点这个穴位疏通经络气血，很有效。

极泉穴还可以治疗乳汁分泌不足，原因就在于气通了后，血运行，由气血化生的奶自然就下来了。

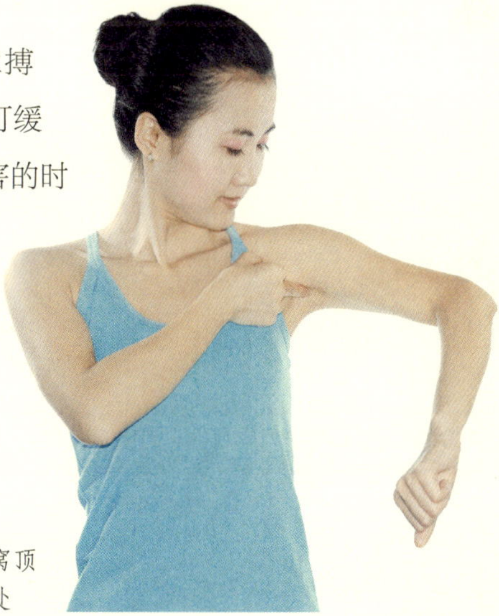

极泉穴：腋窝顶点，腋动脉搏动处

心情郁闷，找内关穴、天枢穴解忧

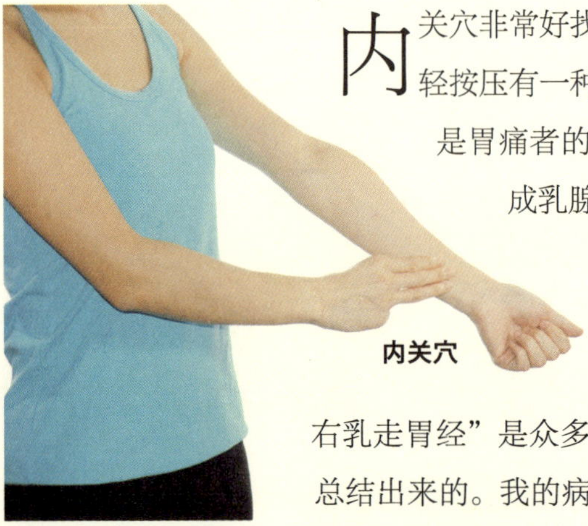

内关穴非常好找，位于腕横纹上2寸，轻轻按压有一种很酸胀的感觉。这个穴位是胃痛者的福音，也是由于胃不好造成乳腺病的患者的福音。

胃不好为什么会乳腺也不好呢？

“左乳走肝经，右乳走胃经”是众多医师多年以来临床经验所总结出来的。我的病人大都是这样的：右乳不舒服，我说你胃不好吧？90%的都是肯定回答；我一摸她左侧乳房有问题了，我说你生气了吧？心情不好吧？她说你怎么知道啊！

胃肠不好的人，常常右乳有问题；心情差，肝不好的人，常常左乳肯定不健康。

所以说，有的人胃一疼，右乳就疼，右乳一疼，胃也跟着疼，这都是互相关联的。点完这个穴位，气就顺了，就开始打嗝儿排气，胃马上就不疼了，乳房疼痛也能得到缓解。

还有一个顺气的穴位是天枢穴，这个穴位以治疗肠胃疾病为主，对腹泻、便秘都有很好的疗效。当然顺气之后，乳房胀痛、月经不调、痛经的状况都能得到改善。

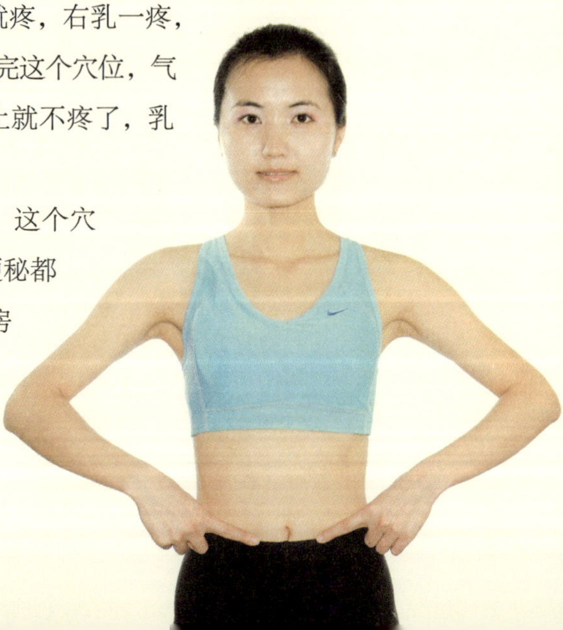

天枢穴：人体中腹部，肚脐向左右开2寸处

杜绝性冷感、改善乳汁分泌不足，一定要按乳中穴、少泽穴

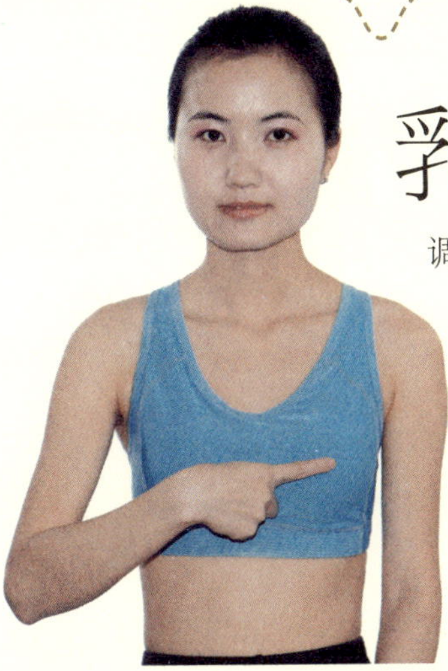

乳中穴位于乳头的中央，按摩时可以以手指指面做圈状按摩，这个穴位对于改善性冷感、乳汁分泌不足、调理月经，效果很好。

少泽穴位于小指指甲根部外侧处，按摩时可以用手指指面向下按压，并做圈状按摩，这个穴位的功效是改善产后乳汁过少、乳腺炎。

乳中穴：乳头的中央

少泽穴：小指外侧指甲角旁 0.1 寸

天天按血海穴，祛斑效果快

有一个穴位叫血海穴，没事儿的时候我们都可以点这个穴位，就在膝盖旁边。“血海”顾名思义，自然是对血液运行很有帮助，此穴位点后，会觉得脸热，因为血液往上走了！就像大海在涨潮一样。乳房血液畅通了，自然不痛无忧。

这个穴位常被中医用来治疗月经不调、痛经、贫血、腹痛、体倦无力。

另外，它还有一个极为重要的功能，女生们午饭前按摩一下，可以帮助祛除面部雀斑哦！

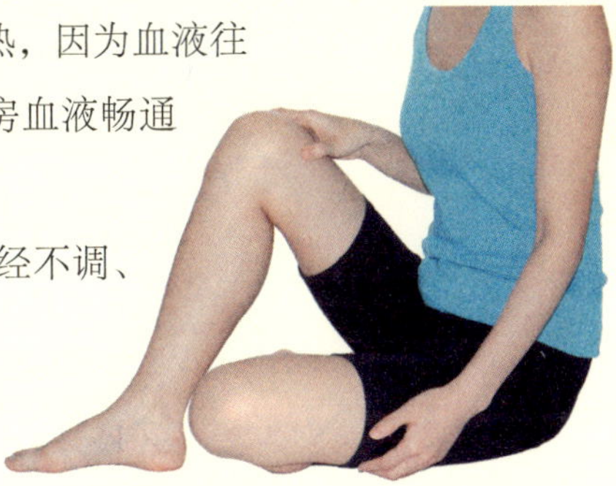

血海穴：坐在椅子上，腿绷直，膝盖内侧会出现一个凹陷的地方，其上方隆起肌肉的顶端就是血海穴

身体自有丰胸穴位——“乳四穴”

女人几乎都知道胸围和吸引男人有一个正比关系，美丽傲人的胸部也的确是女人自信的外在条件，如果不想被人称为“太平公主”，就请用这些简单又安全的穴位来博得同性的羡慕和异性的痴迷吧！

中医认为，乳房的丰满与气血关系密切，如果你面色发青、口唇发白、容易头晕，而且晚上还经常失眠、月经量少，这就说明你体内气血不足了。这时如果你不及时补充气血、改善体质，乳房可能就会下垂、缩小，胸型自然不好看。

这时我们可以求助“乳四穴”。

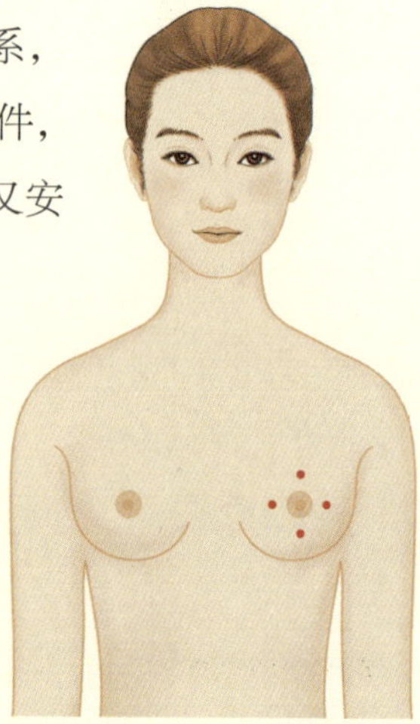

乳四穴： 分布在以乳头为中心的垂直和水平线上，分别距乳头 2 寸的距离

乳四穴怎么找？

乳四穴共有 4 个穴位，分布在以乳头为中心的垂直和水平线上，分别距乳头 2 寸的距离。常常按摩这 4 个穴位可以改善乳房气血循环和局部供养，丰胸效果非常好。

按摩乳四穴丰胸的最佳时期

卵巢雌乙醇激素的分泌量与女性的胸部丰满大有关系。只有最大限度地把雌乙醇引流到乳房上，才能让乳房丰满圆润挺拔。

一般来说，卵巢雌乙醇分泌的最高峰是在来月经后的第 11 ~ 13 天，因而这 3 天是丰胸的最佳时期；到了第 18 ~ 24 天，雌乙醇的分泌量

乳根穴： 位置在乳头直下，乳房根部，锁骨中线上

虽然少了一些，但丰胸效果也不错。

因此，在这10天里，如果你能每天坚持按揉这4个穴位5分钟，就可以将雌乙醇最大限度地引向乳房。长期下来，乳房自然胸型挺拔、罩杯升级。

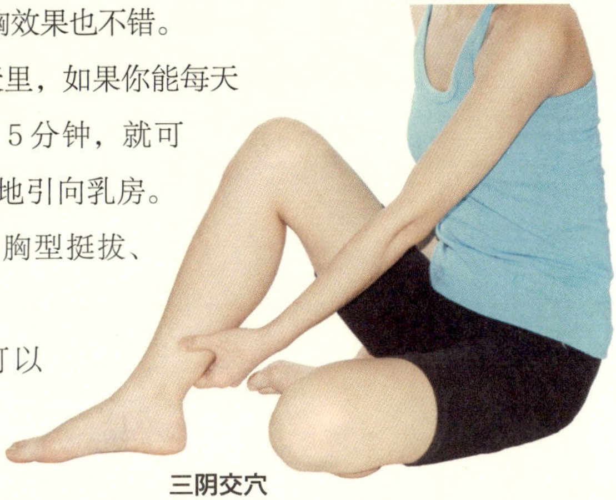
三阴交穴

另外，每天也可以分别按揉**乳根穴**（锁骨中线上）、乳中穴（乳头之中央），各100次。或者对**三阴交穴**（位于足内踝尖直上3寸处）每次揉约1分钟。也会达到很好的丰胸效果。

瑜伽弓式：许你最完美的“半球形”胸型

很多女生对瑜伽的医学效果不了解，其实瑜伽动作除了外部塑形，其最大优点在于调理内分泌。而女性乳房的美丽与内分泌密切相关，所以通过瑜伽训练，进行“内外兼修”，自然作用明显。女性的胸大肌位于乳房下部，起支撑乳房的作用，瑜伽训练可使胸大肌变得紧实，自然乳房紧实饱满，不下垂、不松弛。

“弓式”对乳房的作用在于开阔胸腔，锻炼胸部。

标准动作图示

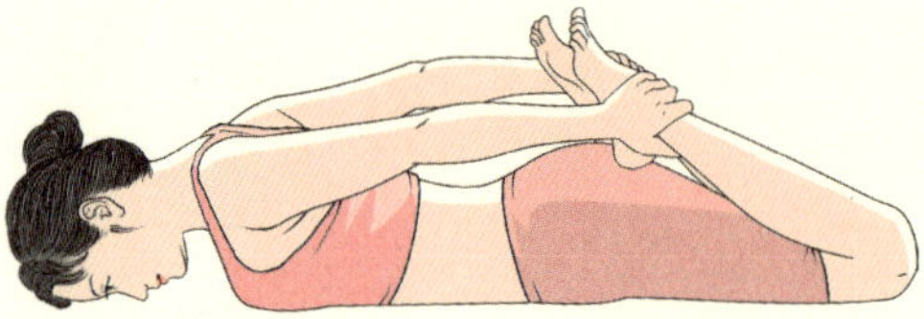

❶ 身体趴在地面，额头着地，两脚勾起，以两手抓住脚踝，尾椎骨向内收敛，伸展脊背。

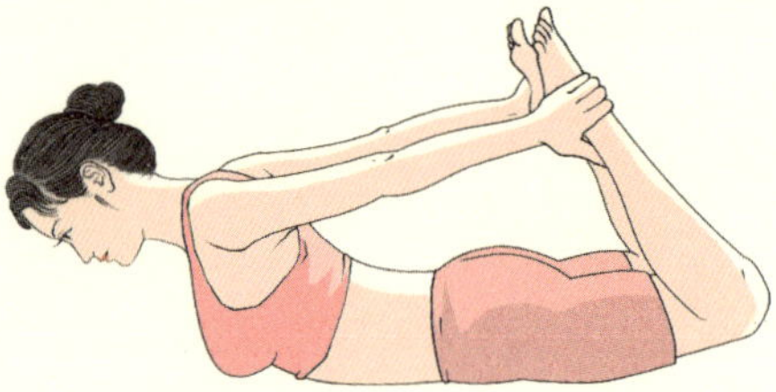

❷ 腹部用力，让身体缓缓与地面分开，手抓脚用力向上提拉。

❸ 上半身再往上伸延，双手抓脚再抬高些，尽量平稳身体，保持呼吸平稳。

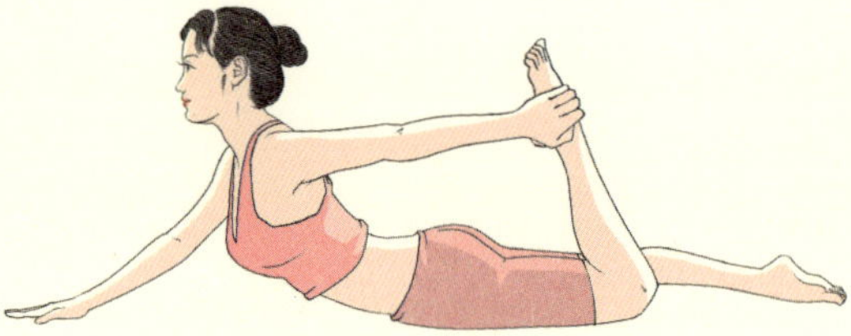

第三步太难？你也可以这样做：用同一边的一只手拉单脚，另一只手支撑地面以保证平衡。

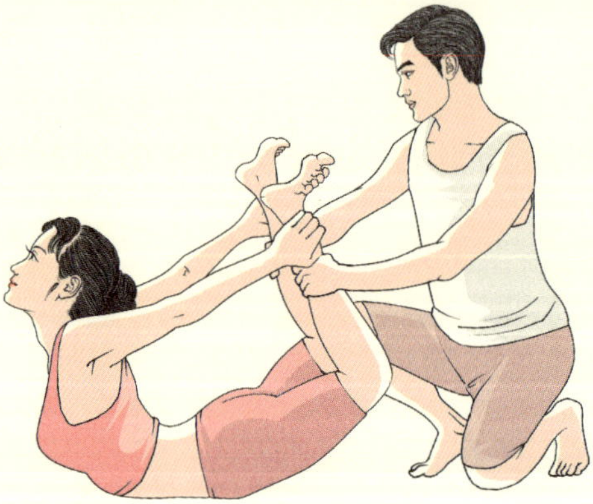

请注意：

第3步时，膝盖不要外扩，会导致重心不稳，颈部腰部都受压迫，乳房血液循环也不畅通。

如何让“小白兔”立起来：“牛面式”

练习本式，能上提乳房，使胸部得到完全的伸展，让双乳充满力量。

标准动作图示

❶ 两条腿于身前交叠。

❷ 右手上举最大可能拉长脊背。

❸ 右手绕过肩膀，两手成掌形在身体后方相握。左右互换进行。

第三步太难？你也可以这样做：如果两手不能相握，可以两手握住毛巾两端，双腿无法交叠就轻轻盘在一起。

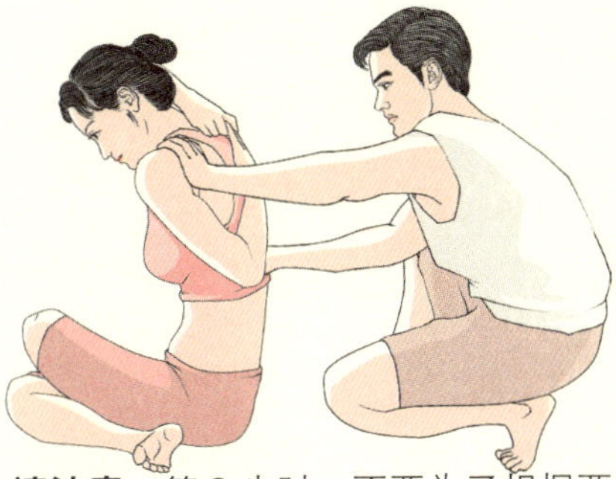

请注意：第 3 步时，不要为了相握两手而耸肩，身体成团并不能将脊背拉长，当然乳房也不能得到提拉。

“摩天式”——怎么可能下垂！我就是“坚挺”气质美人

练习本式，可以在扩胸的同时防止乳房下垂！

标准动作图示

❶ 直立，双腿稍稍分开，脊柱挺直，两手自然垂放身体外侧。

❷ 双臂慢慢抬起，举过头顶，胳膊伸直。吸气，慢慢提起脚跟，以脚尖着地，向上拉伸整个身体。

❸ 两臂在脑后弯曲，两手握住对侧肘部。

❹ 呼气，慢慢向前弯曲上半身，直到上半身与腿部成直角。自然呼吸，维持 10 秒。

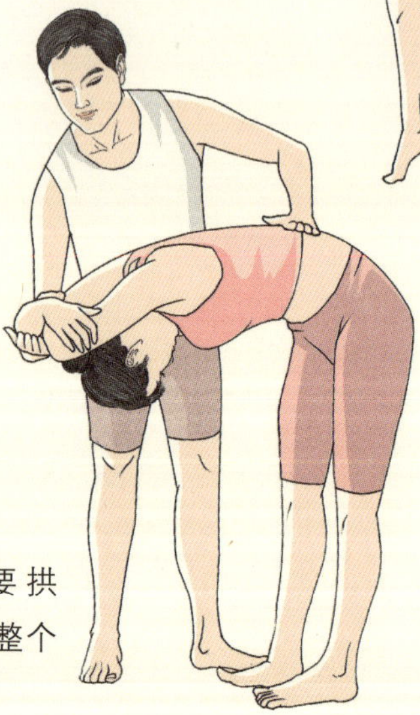

请注意：

第 4 步时，不要拱背，肩部不要下垂，整个肩背要与地面平行。

长“蝴蝶袖”其实与乳房经络不畅也有关

很多来门诊看病的女孩，都会问我一些美体方法，她们常常问到的就是“蝴蝶袖”的问题。“王医生啊，你看我乳房不舒服是不是和这个‘蝴蝶袖’有关啊！”“王医生，为什么我这个‘蝴蝶袖’怎么也减不掉啊，我天天都举矿泉水瓶？”“王医生，有没有什么点穴方法啊？”

每次看到这么年轻的女孩子，在我旁边叽叽喳喳地问这问那，我都心里暖暖的，如今的医患关系那么紧张，而一向说话又直又冲的我，竟然能拥有这么多患者朋友，她们把我当“姐姐”“阿姨”“闺蜜”……做医生这么多年，对这个行业又爱又恨，可总是爱大于恨，恨由爱生。

“蝴蝶袖”的产生其实与乳房也有关系，乳房的外侧偏上部分走心包经和肺经，而心包经和肺经所循行的位置恰好包含了大臂部位，因而乳房经络不畅通也可能会导致“蝴蝶袖”。

乳房不通所造成的大臂部位气血不通畅，脂肪、垃圾类堆积，想要只靠单纯运动臂膀是无法瘦下去的。

所以，女孩子们如果有“蝴蝶袖”，且乳房也不适，可能就要考虑先让乳房经络畅通，乳房健康了，没准“蝴蝶袖”就自然消失不见了。

蝴蝶袖甩甩甩
——每天练“山式”5分钟

练瑜伽山式主要针对手臂练习，能疏通通过心包经和肺经的后手臂，不仅让乳腺畅通，还能让“蝴蝶袖”彻底消失，恢复你本来的流畅线条！

标准动作图示

两脚分立站稳，与肩同宽，脚掌平行，脚趾朝前，两手成掌形自然下垂，身体重心均分在两脚掌上，想象脚趾紧抓住地面。

两手成掌形向上延伸，最大可能拉长脊背，十指在头顶上方相握，肩膀向下放松。

请注意：

第2步时，注意不要耸肩，容易导致颈肩受力增大且不均匀，身体变形。

今年 28，明年 18，坚持“u”“n”就能达到

我有一个好朋友，是一个大学老师，我常常见到她都直呼“妖怪”！她真的是个逆生长的典范，47 岁的女人，25 岁的长相，有一个 26 岁的男友。我常常捏着她的脸说：“你怎么会长这样，让本大姐情何以堪啊！”她的身材非常饱满，皮肤吹弹可破，每次我都不敢跟她出门，怕别人以为我是她妈。

当然她的年轻也不是那么容易得来的，她曾跟我谈过自己的一个保养术，很简单的 2 个动作，每天 15 分钟，她坚持了 20 年，也美丽了 20 年！她自己给起名叫“un 小女人保养法”。

第一个“u”的动作，就是你平躺在床上，手抱着头，用后腰做支撑，然后双腿曲起来，整个身体呈“u”状；第二个“n”的动作就相反，躺在床上，小腹部位凸起，以四肢的力量支撑，整个身体呈“n”形。

这样的动作我曾经试过，坚持很难，每天 5 分钟我就汗流浃背，但我的朋友她坚持下来了，所以她后背很凹，臀部也很翘，美丽动人，而我呢，只能嫉妒地称呼她为“妖怪”。

她这两个动作是自创的，一开始我也是带着疑问，后来我细细结合中医理论想了一下，觉得还是有一定的养生道理的。这种动作做起来会全身出汗，出汗就是促进了全身的血液循环，同时也打通了经络。人体经络与血液是一个整体的概念，畅通所带来的好处自然会滋养到乳房、臀部，前凸后翘，好身材自然是水到渠成的。

“u”式

“n”式

胸罩外面不要直接套件毛衣

每到秋天的时候，很多女孩喜欢这样穿衣服，胸罩外面直接套件毛衣，似乎时尚又简便，似乎穿棉质秋衣已经成了过时的一种行为了。每当看到这样的女孩子，我都想拉住她，告诉她："你这样穿衣对乳房是一种伤害啊！"

这种穿衣方式是导致女性产后乳腺导管不通的一个很重要的原因。不要以为有胸罩的遮挡，毛衣的丝和其他脏东西就不会进入乳房了，错！其实乳房是个藏污纳垢的地方！在走路的过程中，或者天气略微热的时候，乳头会分泌油脂，就相当于一个导管，开口会扩张，衣服慢慢地蹭，天长日久，各种小纤维都会进到乳房里面，堵塞乳腺导管。

乳腺导管不通畅了以后，哺乳期的妈妈奶就出不来，出来的都是黑的颗粒、渣子，甚至有的人会出现小的毛发，狗毛，有的人一拉，一丝丝很长，这是什么呀？啊！你家狗狗的毛！多么恐怖！

戴胸罩的误区一：买前不试穿

很多女性买胸罩时，都没有试穿的习惯，或者是懒得试穿，尤其是有的女生从网上购买，更是看看就拍下了。其实这是非常错误的！买胸罩时一定要试穿，一定要根据自己的体形、胖瘦、季节和乳房发育情况进行选择。不试穿买来的胸罩，可能与自己的胸形根本就不适合，过小会影响局部血液和淋巴循环；而过于宽松则会导致下垂。

戴胸罩的误区二：不同时期穿戴相同的文胸

女人一生中的不同阶段，要穿戴不同的胸罩。青春期的女孩，胸部正在发育，选择时应以大小合适为主；孕期的女生，胸部会胀大，哺乳期的妈妈也是如此，这时千万不要拒绝胸罩，否则会下垂，此时最好选择特定的胸罩。

戴胸罩的误区三：戴着文胸睡觉可以防止胸部下垂

很多女生睡觉时不爱摘胸罩，尤其是在冬天的时候。甚至有的女生认为不摘胸罩可以防止下垂，其实并非如此。戴着胸罩睡觉，会影响血液循环，使得乳房时时都处于紧张状态，得不到放松，自然会滋生疾病。并且乳房组织里的悬韧带在你睡觉时根本不会松弛和拉长，所以睡觉时戴胸罩可防下垂的说法是完全错误的。

戴胸罩的误区四：一副胸罩穿两年

如今很多女生越来越看重胸罩的选择，常常会花大价钱买一副“绝世好 bra”；而有的女生却不在意，随意买副胸罩，真是太对不起自己美丽的乳房了。这些女生可能都有一个通病，就是一副胸罩穿个一年两年的也不换，并且很多女生觉得旧胸罩穿着舒服，其实这是不对的！因为人的体型可能随时会变化，胸罩旧了也会变形，一副胸罩穿太久，对乳房的美丽和健康都是不利的。

通常来说，一个文胸的寿命不应该超过两年。并且胸罩在清洗时也要注意不要用机器洗，会导致变形。

戴胸罩的误区五：穿胸罩要把乳沟挤出来

“事业线”的确很诱人，但为了一条乳沟而损害自己的健康，你觉得值得吗？

挤乳沟对年轻女性的危害很多：

1. 乳房血液淤滞引起乳房肿胀、疼痛

本来没有乳沟硬要挤出来，只能使得乳房血液循环不充分，使得乳房下部血液不畅，可能招来包括乳房肿胀、疼痛在内的很多疾病。

2. 导致乳腺增生

挤乳沟需要把腋下赘肉全都塞到胸罩里，会减少或阻止乳房内淋巴液回流，可发生乳腺增生性疾病。

3. 影响今后哺乳

挤乳沟使得乳房中的纤维束和乳腺导管长期受压，直接影响产后分泌乳汁，导管、腺体受压后，可能导致乳腺炎。

戴胸罩的误区六：选颜色只要自己喜欢就好

很多女生在选择胸罩颜色时，常常只考虑自己或者男友的喜好，要不就选择自己偏爱的颜色，要不就选择男友喜爱的性感颜色。实际上，最健康的颜色是和你肤色最接近的那种。肤色亮的女生可以选择裸色、驼色、白色；肤色偏暗的女生则该选一些相应深的颜色。

如何正确穿戴文胸

1. 首先调整肩带适宜的长度，最好是穿在身上调整，这时会更准确，松紧程度以一个手指可插入肩带内侧滑动为宜。

2. 身体前倾 45 度，让胸罩全部地托住乳房，扣上背扣。

3. 移正杯位，右手伸向左胸肋下，将侧背部及胸下的肌肉往胸前斜向上推，侧旁及胸底部的赘肉完全推到胸罩里；相同的，左手伸到右胸进行调整。

4. 最后，检查背部的横带和乳房杯位底部是否成水平线，动动全身，看看能否自如活动。

第五篇

爱乳房，从“自看自摸”开始

“一旦觉得身体发出了提醒，就必须直接面对，这时候选择忽视是对自己的不负责任。女性的内心其实是有股很坚韧的力量存在的，不论是瓶颈或是困境，只要勇敢、正面地去面对它，能主动预防，不讳疾忌医，健康是可以得到保证的。”

——李宇春（中国流行女歌手、词曲创作人、演员）

“请和我一起做年轻身体的快乐主人，用定期检查及时关注身体的变化！”

——唐嫣（中国内地女演员）

“作为我们年轻人，不仅要关注自己的身体健康，乳房健康，也要奉劝家里的老人，妈妈比如说还有长辈，一定要关注自己的身体健康，并关注乳房健康。”

——张雨绮（中国电影女演员）

- 如何预测乳腺增生程度
- 亲热的时候，别忘了帮她检查
- 如何“自摸”出乳房的异常——我自己的临床经验
- 定期体检非常非常的重要
- “乳腺红外线检查”可能会漏查乳腺癌
- ……

如何预测乳腺增生程度

很多女孩子来月经前，乳房就胀痛，月经后就消失，像天气预报一样。当然，健康的女性是没有任何迹象的，月经悄然无息地就来临了。如果出现了症状，就表明乳房发出了求救信号，提醒你该注意了！

如何用月经来判断轻度、中度、重度乳腺增生呢？很简单的方法是，如果来月经前，乳房只胀痛 1、2 天，那可能就是很轻微的乳腺增生；如果之前 7、8 天就开始胀痛，那可能就是中度的；如果从排卵期就开始乳房胀痛，那就是重度的乳腺增生了！还有的人乳房疼痛，谁都不能碰，一碰就受不了，那她的乳腺肯定有很大的问题，应该及时诊治。

亲热的时候，别忘了帮她检查

在 30 年的从医生涯中，我遇见了太多的乳腺癌患者，她们中有 85% 明明都是可以在早期治愈的，根本用不着捱到晚期去遭受如此多的痛苦，最终失去美丽、丧失生命。陈小姐是一位非常活泼的年轻女士，她来到我的门诊时，还哈哈笑着与老公打闹，但我还是从她老公眼中看到了一丝哀伤。做了检查后，我不可置信地看着他俩，陈小姐依然微微笑着，而她老公对我点点头说道：“是的，王医生，她已经到乳腺癌晚期了，我们就是不死心，想来找您再看看。”

原来，陈小姐 2 年前就在洗澡时无意摸到乳房有肿块，当时她没当回事，跟大忙人老公说后，老公也只是建议她去查查。陈小姐整日忙碌，渐渐忘了此事，直到后来……

作为一个女人，如果明白一点点的乳腺知识，而一个男人，当发现亲爱的她有问题，若是能及时陪她去检查检查，何至于此呢？

如何"自摸"出乳房的异常——我自己的临床经验

乳腺癌的早期治愈率可达 75% ~ 80%，而且，我以多年的临床经验发现，80% 的乳腺癌都是可以通过触摸发现的。因而，只要你学习一些简单正确的自检方法，在家就可以对自己的乳房未雨绸缪，确保安全无忧。

最佳检查时间

月经正常的女性，一般乳腺自查应每月 1 次，每次月经后 3 ~ 7 天是做乳房自我检查的最佳时期，此时乳腺较松软、无胀痛，容易发现异常，有利于明确判断。

乳腺自我检查的方法很简单

一般来说，乳房自检可在起床、睡觉、更衣、洗澡时进行。这里，我告诉你一套极其简单有效的检查方法，主要包括：是否粘连、疼痛程度、乳头是否溢液、皮肤改变、轮廓改变、乳头改变、腋窝和上臂情况。

是否粘连：

如果你摸到乳腺有肿块，不能移动，仿佛定在那里，这是与周围组织已经粘连了，此时你要立即就医。

疼痛程度：

分为三度：1、用手触摸感觉疼痛为一度；2、活动时感觉疼痛为二度；3、静止时痛，即躺在床上也觉得疼痛时，则为三度。当疼痛程度在一度、二度时，可安静观察，而达到三度时，则需要立即就医。

除此以外，乳房的硬度也可以分级，像嘴唇那么柔软为一度，像鼻子一样软硬适中为二度，像额头那样坚硬就是三度。但不管是柔软还是坚硬，都不具备提示疾病的意义。

乳头溢液：

如果轻压乳头时溢液了，这时一定要去医院检查了。一般出现溢液所代表的病症基本如下：

乳头流血——患乳管内乳头状瘤、乳腺癌可能性大；有些数据认为患乳腺癌概率达 60%。

乳头“流泪”——即浆液、乳汁样或水样者，一般良性病变可能性大，所患病症可能为乳腺导管扩张症或者乳腺囊性增生。

对于乳头出现溢液的女性，如果同时伴有肿块，应疑为恶性；无肿块的非血性乳头溢液通常为良性。

皮肤的改变：

对于大多数的良性乳腺疾病，在乳房的整个表面皮肤看不出任何异常。当出现以下情况时，需特别注意：

急性乳腺炎常有皮肤红肿，乳腺结核可并有皮肤溃疡或瘘管，乳腺癌可出现皮肤内陷形成“酒窝症”。

如果你的乳头周围皮肤反复出现湿疹、皮肤瘙痒，长久不愈，应考虑派杰氏病（一种特殊类型的乳腺癌）的可能。

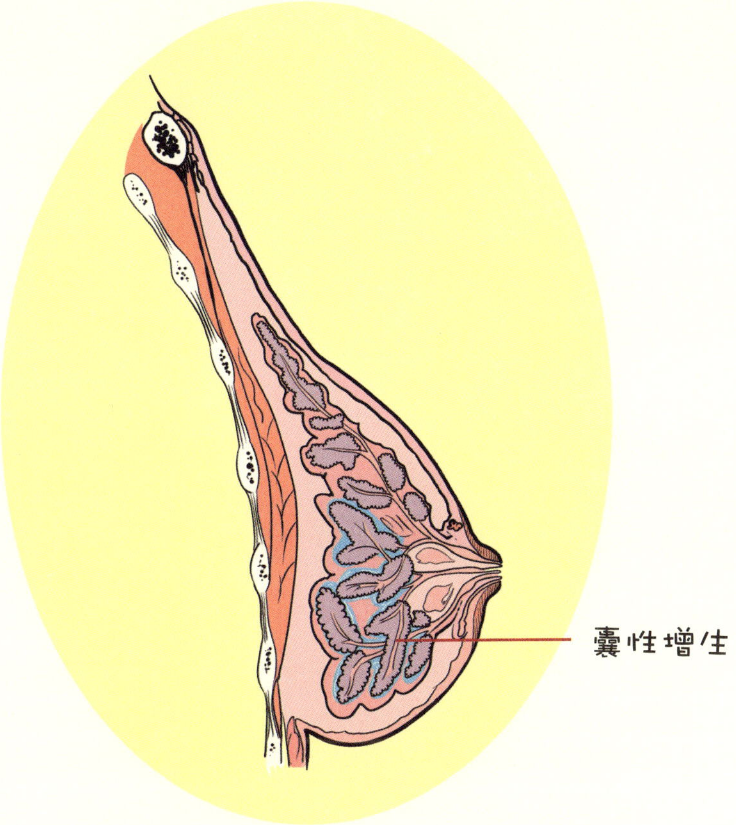

乳腺囊性增生

囊性增生比单纯的增生更为严重一些，不仅仅是腺体的增大，而且其组织间隙已经存在液体了。

轮廓的改变：

正常乳房具有完整的弧形轮廓。此种弧形的任何缺陷或异常，常为乳腺癌的早期表现。

乳头改变：

乳腺先天性发育不全时乳头可能内陷，常见于没有哺乳史的女性。但如果突然出现乳头内陷，也可能是乳腺癌的表现，多为单侧乳头内陷糜烂，可发生在哺乳期。

腋窝淋巴结肿大及上臂水肿：

乳腺炎症和乳腺癌均可出现腋窝淋巴结肿大，上臂水肿则系腋窝淋巴结广泛转移所致。

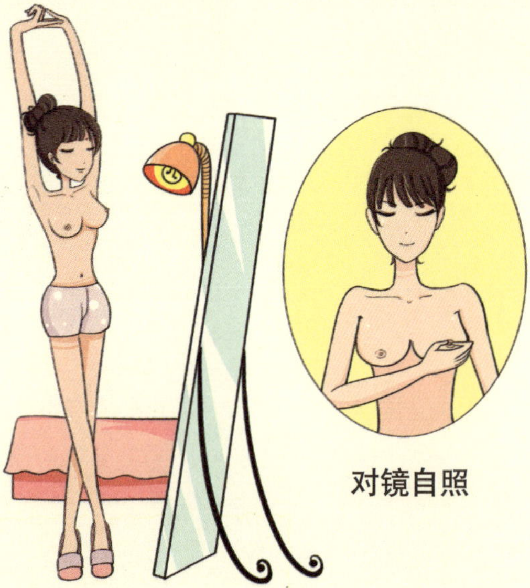

对镜自照

一般乳腺自检的方法有如下 3 种

1. 对镜自照

脱去上衣，充分暴露上半身，将双臂高举过头，仔细观察两侧乳房的形状及轮廓是否发生变化。仔细检查皮肤上有无红肿、皮疹、褶皱、橘皮样异常；乳头是否在同一水平线上，有没有抬高、回缩、凹陷；轻压乳头，是否有分泌物；乳晕颜色有没有变化。

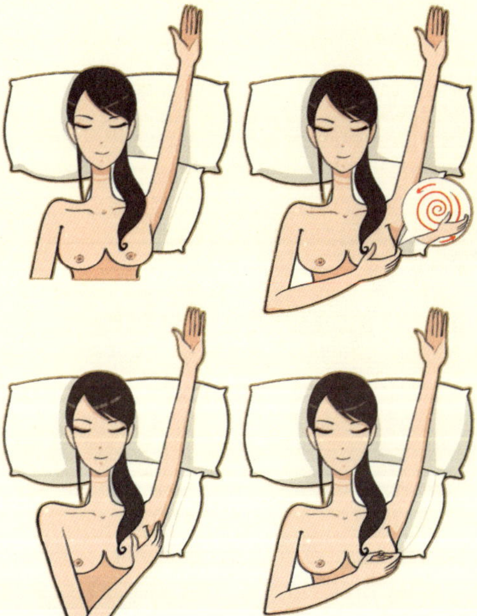

平躺触诊

2. 平躺触诊

脱去衣服，平躺在床上，在右肩下垫一个小枕头，高举右臂，这样右侧乳腺就变得很平了。

这时，用左手三根手指（食指、中指、无名指）指腹缓慢、稳定、仔细地触摸右侧乳房，顺时针或逆时针从乳房外围起至少三圈，直至乳头，逐渐移动检查。接着，检查腋下淋巴结有没有肿大。最后，用拇指和食指轻轻挤压乳头，看看有没有液体排出。一旦发现乳头溢出混浊、微黄或血性的溢液，应该立刻寻求医生帮助。

接着以同样的方法检查左侧乳房。

3. 淋浴自检

淋浴时皮肤湿润，更容易发现问题。方法很简单，就是用一根手指指端掌面慢慢滑动，仔细检查乳腺各个部位及腋窝是否有肿块。

自检时，应该注意以下几点

1. 乳房外形有没有变化

观察乳房表面有没有局部隆起凹陷、红肿、褶皱、橘皮样；乳头是否凹陷溢液；乳晕颜色的变化。

2. 检查范围

乳腺的实际分布远远超过乳房隆起的部分，整个前胸其实都有很薄的腺体延伸出来，因此要注意自检时的范围包括腋下，甚至整个前胸都要检查到。

3. 触摸手法

正确的手法是用最敏感的食指、中指、无名指的末端指腹轻轻触摸，切忌用手抓捏乳房，因为抓捏时肿块会与正常腺体混淆，导致判断失误。

定期体检非常非常的重要

我觉得女孩子定期体检真的非常非常的重要，因为体检不仅让你对自己的身体状况及时了解，重要的是让你放心，如果一旦发现问题，可以及时想办法解决。今天看着阳光普照，没准突然就黑云密布；有可能你上个月还好好的，下个月突然就出现了健康问题。

尤其对于已经发现了乳腺病变或过了 35 岁的女性，应每个月自我检查 1 次，每半年由医生检查 1 次。

如果你有家族乳腺病遗传史，有条件可以去做一个基因检测，也可以做“B 超”和“钼靶 X 线”。结果证明你是高发人群的话，就一定要定期去医院检查。

这样做对有家族遗传病史的女生特别重要。如果是乳腺癌，发现在一期，可以切除局部，保乳，或许再用用药就痊愈了；如果是二期，一个乳房就得去掉了；再晚了以后，可能就肺转移了，脑转移了，骨、肝都转移了，这时后果不堪设想。

"乳腺红外线检查"可能会漏查乳腺癌

要特别提醒所有女生的是，检查乳腺时，如果医生给你开的单子是"乳腺红外线检查"即"红外线乳透"，请说"不"！这种检查方法并不能发现早期乳腺癌，甚至晚期癌有时也发现不了。

我们曾做过实验，肉眼都能看到的非常明显的乳腺癌，用红外线却检测不出来。目前，红外线其实一般只用于大规模的体检。

正规检查时，应该选择照"B 超"和"钼靶 X 线"。当然大家也得注意，由于当今医疗环境的特殊情况，对于 35 岁之前的女性，如果医生检查后未出现异常肿块，应拒绝"钼靶 X 线"检查，因为这种检查的辐射特别严重，做过这种检查的女生在 3 个月内是不能怀孕的，容易导致婴儿畸形。所以，有的时候我们要学会保护自己，如果看了一家医院出现模棱两可的结论，就应该多看几个医生，方能放心确诊。

乳腺钼靶检查和乳腺彩超哪一个更准确

患者常常不明白乳腺钼靶检查和乳腺彩超检查哪一个更准确，有的想要两种都检查，有的又担心做多了辐射多。有些医生认为钼靶无懈可击，认为只要是癌，照钼靶就可以了。

其实并非如此，正规乳腺检查是钼靶 + 彩超结合，二者不可有偏颇，因为它们观察的是乳腺组织的不同方面。

钼靶特别适合对软组织的透照成像，对钙化特别敏感，而大多数早期乳腺癌（约占 70%）表现为沙砾样钙化，因此人们普遍认为钼靶能更准确地发现癌症。但其实大家都忽略了一点，更早期的乳腺癌（直径大小约 0.5cm 左右）可能没有表现为钙化，这就需要结合乳腺彩超的检查。

还有一点，钼靶的准确性会受乳腺致密程度的影响。而年轻女性的腺体致密、纤维组织丰富，因此钼靶所表现出来的就是整个乳房呈致密性阴影，缺乏层次对比，难以发现问题。

乳腺彩超，也就是乳腺彩色多普勒超声，我们俗称为“B 超”，但其实在医学范畴中，“B 超”包含范围很广，“乳腺彩超”只是其中一种。这种检查清晰度更高，能显示乳腺肿瘤的内部结构以及肿瘤与周围组织的关系，甚至能观察到病灶大小、形态及边缘情况，连肿瘤内外血管的多少和分布情况都能有所了解。目前的乳腺彩超检查可测到 0.3 ~ 0.5cm 的肿物，简便、无创伤。

两种检查各有千秋，被称为乳腺检查的“黄金搭档”，联合国卫生组织已推广在全球范围内进行普查。

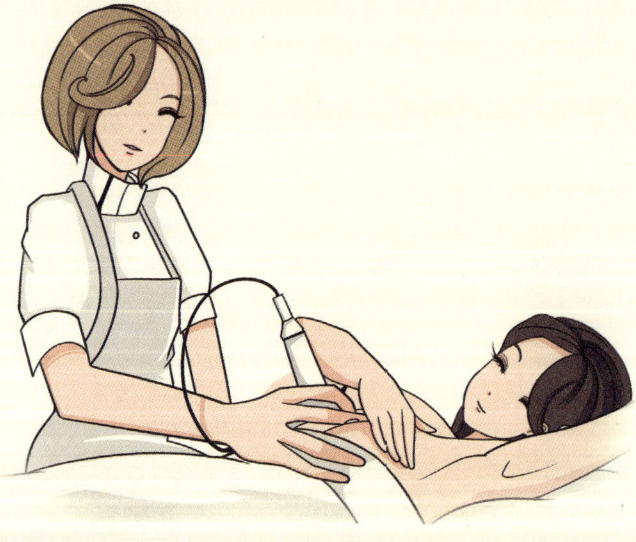

乳房高挺丰满靠什么

门诊时，有不少年轻的女孩子总会笑嘻嘻地向我询问丰胸问题，“王医生，我天天吃木瓜，胸部会变大吗？”“王医生，我每天都做按摩，会不会一点点变大？”“王医生，我想去隆乳，怎样才安全？”每当听到这样的问话，我心里都在为她们担忧，只能尽量劝说。

现代医学认为，乳房的大小形态因人而异，很难规定出什么样的乳房最理想，因为世界上既无两片相同的树叶，也就没有两个相同的乳房。乳房的大小和罹患乳腺癌或者其他乳腺疾病没有关系，和哺乳能力、性欲强弱也没有关系。

其实目前所流行的木瓜等等丰胸食品，都是没有科学依据的，只能起点心理安慰作用。

对于这些丰胸理论，我没有真正实验过，但在我 30 年的临床经验中，确实没见过吃了这些东西丰胸的例子。

很多女生为什么乳房高挺丰满，其实都是靠运动、性生活、规律饮食作息带来的。而真正最能让你丰胸的时期，就是在青春期，只有这个时期营养充足了，才能真正提供给乳房、身体足够的营养。所以将来有了女儿，一定要在她的青春期为她出谋划策，将来长大了才是个性感小美女！

乳房是上天赐给女人的美丽花朵，大小都是一种幸福，不必太强求，自信有一种魔力，你觉得自己美丽，那你所传递给别人的强大气场，当然也会在外人的眼中光芒四射！

妈妈更年期了，你有关心她曾经哺乳过你的乳房吗

我曾经接诊过一位张女士，不到50岁的年纪，她两个月前发现自己左侧乳头常常出现淡黄色的分泌物，仔细触摸还发现乳房有小硬块。大惊之下来我的门诊，经检查，是乳腺癌，不过万幸的是，可以进行保乳治疗！

到了更年期，你不要认为，我都快断经了，我的乳房也该光荣下岗了，你的乳房下不了岗，退不了休，只不过是此时卵巢功能开始退化，腺体进入了平静的老年期，乳房变软变小下垂了。

腺体缺少了激素的供养，慢慢的蔫了，就跟敌军撤退一样，有的撤退得快，有的撤退得慢，这时激素受力不均，乳房更容易出问题。

更年期是女人的多事之秋，千万不要不当回事，检查乳房的频率要更高一些。比如说我原来一年查一次的话，这个时候就要一年查两次，如果是高危人群，最好三个月去医院查一次。尽量预约一个经常给你做检查的医生，这样她对你的身体比较熟悉，自然能及早发现问题。

作为子女，也应该在妈妈更年期的时候多关注她，提醒妈妈、陪妈妈去定期检查，妈妈的健康就是你的福气。

尤其要注意，更年期的女性最受不了心理上的打击。比如说这时候老伴儿去世了，或者子女闹离婚了……这些都会让女性的心理濒临崩溃，直接影响身体。

因此家人要懂得在更年期的时候，多关爱她，照顾她，同时照顾好自己的生活，不要让媳妇儿、妈妈为你担忧。更年期女性自己也要注重心态的调整。

遵医嘱慎用雌激素

女性在更年期的时候尤其要注意慎用激素，什么化妆品、蜂王浆之类的美容、保养用品，要慎之又慎。即使是适当补充雌激素，也要遵照医嘱进行。

性生活可以有

是不是说更年期的时候，女性的性生活就会少呢？这个不一定，有的人反倒更多了，每个人体质、状态不一样。并不是说女性到了更年期就不可以享受性生活了，这完全是一个人思想意识的问题，或者是她平时生活习惯的问题，依据各人而定。

我认识一个 49 岁的一个女性，是一个公司大老板，因为我曾经给她治好了久久不愈的乳腺增生，她非常信任我，什么事情都跟我说。她曾问我，到了更年期反而和老伴儿在一块儿感觉更好了，但是又觉得是不是不正常呢，到了这个阶段，激素水平怎么还这么高呢？我笑着安慰她：“没事，别担心，性爱是每个年龄段的女性都可以享受的，只要你定期检查身体就行了。”

第六篇

不要自己吓自己：走出乳房疾病的误区

“很多女孩都会注意乳房的大小啊，尺寸啊，可是很少会注意到它所蕴含的很多疾病跟可能性，所以做了这样的一个活动，不但提醒大家要注意乳房的美丽，同时也注意乳房的健康。”

——伊能静（中国台湾艺人、娱乐圈才女）

“不要忽视你的身体，尤其是你的乳房，女性关爱健康，要从呵护乳房开始，如果你忽视了自己的乳房，将来乳房会忽悠你，一个懂得爱自己的女人，首先要学会的是保护好自己，这是你给自己，给家人，给所有爱你的人一个最好的回报。”

——马艳丽（名模、演员、设计师）

- 发现乳头内陷怎么办
- 乳房下垂不是病
- 冷热（水）交替刺激乳房不能改善乳房下垂的状况
- 乳房突然缩小——体重变化的“晴雨表”
- 副乳，虽然没用，但也赶不走
- ……

发现乳头内陷怎么办

夏小姐来找我治疗自己的乳头内陷，她说自己因为这个，与男朋友亲热时都受影响，男朋友本来很喜欢她丰满的胸部，可常常一看到她的乳头似乎就没什么性趣了。

乳头内陷一般是先天性的，很多女孩是在青春期的时候，不合理的束胸或穿戴过紧的胸罩使得乳房发育不良，因而导致此症状。

轻度乳头内陷表现为不同程度的乳头低平或回缩，乳头受刺激后可凸出，或被挤出，不会有什么恶变，就是影响美观；重度的乳头内陷则表现为乳头完全陷于乳晕内，被牵出困难很大，常有分泌物或异味。

对于轻度的乳头内陷，我们可以找医生帮忙，或者自己处理，一定要记得不可以在孕期，因为孕期刺激乳头，会性兴奋，产生泌乳素、催产素，容易导致子宫收缩，出现早产或流产。产后，可以自己用拔罐器，将乳头吸出来，再让宝宝含接上，坚持母乳喂养，

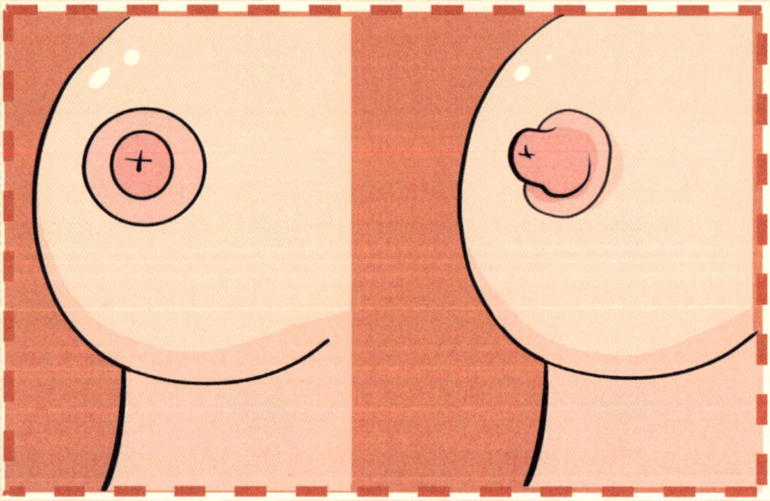

内陷的乳头　　正常的乳头

基本症状就会改善了。

如果是没有怀孕的女孩子，也可以找医生处理，或者自行尝试用拔罐器解决，主要是让乳房更加美观一点，不处理也不影响健康。

对于重度的乳头内陷，就要进行治疗，否则在哺乳期易引起乳头乳晕炎症和乳腺炎症等疾病，导致乳汁无法排出，引发感染，严重影响母乳喂养，还可能同时伴有湿疹。

另外需要注意的是，如果你的乳头本身不内陷，突然有一天内陷了，就要考虑是否癌变的可能。而判定是否是恶性肿瘤有一个非常简便的方法，可以通过各种形式刺激乳头，如果一刺激它会勃起，就说明还没有恶化；如果刺激后无反应，则要立即就医。

乳房下垂怎么办

赵亚是我朋友的女儿，芳龄不过 28 岁，可这天她却愁眉苦脸地来到我的门诊，“王阿姨，我怎么办啊，还没找到男朋友，乳房就成这样了！”我一听她的话，忍不住扑哧笑出来，“小丫头，多大年纪，就这么悲观啊！你乳房怎么样了啊？”

这丫头拉我到内室，把内衣带子解开，惆怅道：“你看，王阿姨，我这么年轻，乳房就下垂了！”我一看，还真是，亚亚的乳房没有之前的坚挺了。我帮她系好内衣带，安慰她道：“亚亚，你的胸部这么丰满，当然比别人容易下垂啊，不过没事，可以改善的。”

一般乳房较大的女性容易乳房下垂，原因有以下三点：

1. 较大乳房受重力影响，乳房悬韧带不断被牵拉，弹性降低；

2. 有的女孩子减肥心切，乳房没有得到及时护理，悬韧带一直处于被拉长的状态；

3. 哺乳期乳房腺体和结缔组织增生肥大，停止哺乳后萎缩，悬韧带和乳房皮肤不能及时回缩。

我通常把乳房下垂分为三度，最简单的判定方法是：如果下垂的乳房能夹住一支铅笔，为一度，夹住二支是二度，夹住三支即三度。医学上的分法则是乳头与乳房下皮肤反折线平行是一度，乳头位于乳房的最低点属于三度，二者中间属于二度。

对于下垂的预防往往要重于治疗，注意以下三点，有利于改善乳房下垂的症状：

1. 在乳房达到 B 罩杯的时候就要佩戴乳罩，避免碰撞、挤压和俯卧睡眠；

2. 常做扩胸运动；

3. 多运动健身，改善血液循环。

4. 哺乳期的时候尽量让宝宝吸奶，少用吸奶器吸奶，因为吸奶器会将悬韧带、乳腺导管都拉得很长。

5. 每天双手上托乳房 30 下，乳房下垂状况也能得到缓解。

冷热（水）交替刺激乳房不能改善乳房下垂的状况

很多人都说冷热（水）交替刺激乳房，可以增加乳房悬韧带弹性和韧性，改善乳房下垂的状况，这是相当错误的！因为冷刺激只能作用到表皮皮肤，对深部韧带毫无作用，弊远远大于利！女性的胸部是很娇嫩的，这样的受凉不仅伤害胸部，还可能会影响激素水平。

乳房突然缩小——体重变化的“晴雨表”

我们同小区的张阿姨有个宝贝孙女，叫薇薇，长得水灵灵的，身材也是凸凹有致，常常听小区的阿姨们说薇薇的追求者踏破门槛。可某天周末张阿姨却突然带着薇薇来到我家里，薇薇坐在旁边一句话不说，张阿姨拉着我的手：“王医生啊，你说这孩子最近也不知道怎么了，胸部没以前那么丰满了，她为这个整天不吃饭、生闷气，人瘦得不行，我心里不好受啊！”

我拉着薇薇坐到沙发上，问道：“跟阿姨说，你是不是在节食减肥，是不是在进行高强度的运动？”薇薇看我一脸严肃，无奈点点头。原来这薇薇无意听到有个同事议论她长得胖，便下定决心要做个骨感美人，于是每天在单位都吃得很少，下班后还专门报了健身班运动。“你真是个傻姑娘啊，因为别人的一句无谓的话，伤害自己的身体，你哪儿胖了，多漂亮的孩子，人家那是嫉妒，你也信！”我叹气道。

乳房的缩小不是突然性的，它不会忽大忽小，一般只会随着体重变化。很多美眉会发现减肥时，该瘦的地方不瘦，不该瘦的乳房却瘦了；或者增肥的美眉全身都胖了，就是乳房这一块儿依然干瘪，其实这些都是很正常的。因为乳房是全身脂肪含量最多的一处地方，自然也是在“瘦”的时候见效最明显，“胖”的时候最难见效。

对于乳房缩小的情况，没必要过分担忧，要明白产生这种情况，一方面在于此时身体内的激素水平不平衡了，另一方面就是由于营养不良、节食减肥造成的，或者是做一些胸部运动让胸部的脂肪变少了。这时只要规律生活，及时补充营养，调整心态，自然就能恢复正常。

副乳，虽然没用，但也赶不走

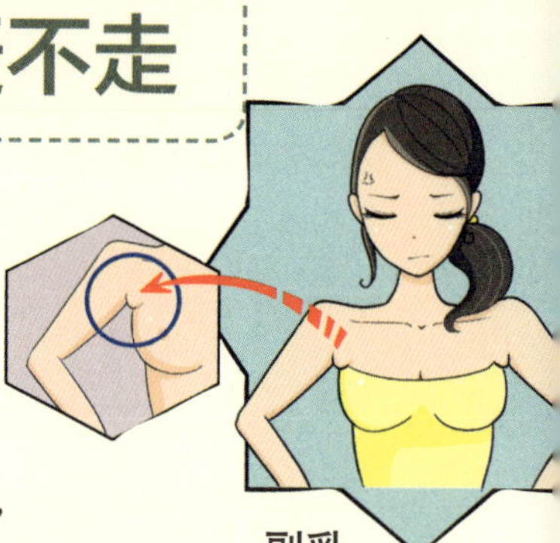

怀孕中期的小昳请假来门诊看病，向我抱怨道："医生，你看我这副乳太严重了吧，穿衣服都受影响！"

中国大概有 50% 的女人都有副乳，特别影响美观，我形象比喻它是"正局长之外的副局长"，虽然没用，但也赶不走。

一个女孩之所以会产生副乳，其原因在于：女孩的母亲在怀孕时，可能会散落一些腺体在女孩乳房，后来，女孩自身激素水平不断变化，这些腺体就慢慢变大，成了副乳。副乳严重时，会出现好几个乳头，但这种情况比较少见，多数为积乳。

副乳所在的位置多在腋下，有的大有的小，怀孕后受激素水平的影响会增大明显。有的副乳有乳腺组织但无乳头，有的无乳腺组织但有乳头，有的既有乳腺组织又有乳头。

乳房是一个建好的盛装母乳的大房子，副乳就是没建好的一个小房子，虽然无用但也要注意不要让它捣乱，因为它也可能生长肿瘤。如果明确副乳内有肿瘤或恶变，或者随月经变化胀痛明显，应该考虑手术治疗。

挤乳沟其实是一种自残

很多女性都会在穿戴胸罩时，将腋下与乳房相邻的组织挤压进去，把乳沟挤出来，长时间这样，会引发局部及乳腺血运不畅，会发生增生性疾病及增加癌变机会。所以女生们一定不要为了美丽而自残！还有很多患者因为觉得副乳不好看而要求切除，这种做法很不安全，不仅容易伤到肌肉，还可能会影响乳房形状。副乳存在就存在了，它不会因为你的挤压就变成正乳，只要副乳没有恶变，就不要把它当回事儿。

大多数的乳房疼痛没有大碍

乳房疼痛是长久困扰女性的一个问题，一般人一疼就会很紧张，不知道到底是增生了，发炎了，还是长了肿瘤？

其实大可不必如此害怕，大多数的乳房疼痛是没有大碍的。很多人的乳房疼痛是源于生理变化所引起的暂时性疼痛，不必在意。还有一些女性在疼痛的同时会摸到乳房里的肿物，大惊之余害怕不已，其实这时可以自行检查，如果左右两边肿块对称，可考虑为普通增生；如果肿物在经期前后有变化，那么也无须担心。

青春期乳房痛

有一个13岁的小女孩最近几个月时常感到胸部轻微胀痛，她妈妈很紧张，带着孩子来了门诊，我仔细检查后告诉她们，这叫做“青春期乳房痛”，不用紧张。

花季少女怎么会乳房痛呢？一般女孩子到了9～13岁期间，下丘脑会分泌一种激素叫做“促性腺素释放激素”，促进卵巢发育，因而开始分泌雌激素，乳房由原来的平坦渐渐隆起，摸起来内部有一个块状物，呈豌豆或蚕豆大小，质地较硬。同时，乳房内腺体会有轻微胀痛或隐痛感，代表其开始发育了，但疼痛会随着月经来潮后乳房的发育成熟消失，且随着女孩子渐渐长大，乳房和块状物都会增大。所以，通常情况下少女乳房内的肿块以及疼痛都不是病变，而是乳房趋于成熟的象征，不需要治疗。

经前期乳房痛

门诊经常有一些20～30岁的女性，每到月经来临之前，就出现双侧乳房疼痛。轻者乳房胀痛、发硬、压痛，重者受到轻微震动（如跑步或碰撞）便即刻胀痛难忍。我同学的女儿就曾遇到这样的情况，做完B超我看了报告单告诉她这叫经前期乳房痛，不必害怕，因为全世界大约一半的女性都有此症状。

乳房的生长发育是受雌激素与孕激素影响的。月经前，由于血液中雌激素和孕激素水平较高，对乳腺刺激大，因而会感觉疼痛，原有的颗粒状或结节感也更加明显；月经期，两种激素水平降低，胀痛感就减轻了。因此，乳房随着月经出现周期性的胀痛现象是正常的，是激素所导致的乳腺增生和乳腺间组织水肿引起的，一般不要在意，也不用处理。如果情况实在过于严重，可以尝试在经前一周开始低盐饮食，可以缓解胀痛。

孕期乳房痛

有一位女老师，一直患有较严重的乳腺增生，治愈后才怀孕。可没隔多久，她就愁眉苦脸地来门诊找我，“王医生，我的乳腺增生是不是复发了？乳房都胀大了，一阵阵胀痛得不行，碰都不能碰！”

我告诉她，怀孕后，胎盘、绒毛膜会分泌大量的雌激素、孕激素、催乳素等，刺激乳房，乳腺腺管与乳腺腺泡会加速发育，以便于日后泌乳。大约怀孕40天左右，渐渐增大的乳房会出现胀痛感，乳头乳晕颜色也会加深，这种情况一般会持续3～4个月，而有的孕妇却会持续整个孕期。这时无须治疗，只要及时更换较为宽大的胸罩，托起乳房就可以了。

产后乳房痛

有一位患者终于熬过“十月怀胎”，迎来了“一朝分娩”，刚刚松了口气，这天又跑来门诊找我，说乳房再次出现胀痛感，不禁向我苦笑道：“唉，王医生，真是‘好事多磨’呀！”

我安慰她别担心，并告诉她，一般的新妈妈分娩后两三天，都会出现乳房充血、发胀，分泌大量乳汁，接着是双乳胀痛、有硬结。其原因就是乳腺淋巴液滞留、静脉充盈或间质水肿、乳腺导管不畅，多数妈妈乳汁畅流后症状就会减轻或消失。因此，新妈妈应该注意尽早开奶，轻揉乳头，勤让宝宝吸吮，乳汁通畅后胀痛自然没有了。

人流后乳房痛

23 岁的柳絮最近很郁闷，她因为避孕措施不到位而怀孕了！人流手术之后没几天，乳房就出现肿块，并且胀痛严重。

像柳絮这种情况，其原因就在于妊娠突然中断，激素水平急骤下降，刚刚发育的乳腺突然停止生长，因而会出现肿块及疼痛，一般大约过 1 ～ 2 个月，情况就会逐渐好转。但也有极少数人痛感时间持续较长，潜在地刺激乳房，诱发乳腺增生或肿块。为了自己的健康着想，女孩子们应注意采取有效的避孕措施，尽量远离人流。

性生活后乳房痛

和我同住一个小区的静静，临到下班时来到门诊，等人都走得差不多的时候，说她最近突然觉得房事后乳房疼痛，不知道什么原因。

其实，房事后乳房疼痛是一种比较常见的症状，有的会随着性活动很快消失，有的则可以持续 1 ～ 3 天。

我告诉她，乳房是性敏感区之一，性生活时由于触摸等引起性兴奋，加快乳房血液循环，但乳房内静脉血液的回流又相对缓慢，因而整个乳房会胀大。特别是女性进入性高潮之后，乳房体积可增加 1/4 之多。高潮过后，乳房的血液充盈迅速消退，体积逐渐回缩，约半小时后可恢复原状。

如果女方性欲没有得到满足，无高潮，那么充血、肿大的乳房就不可能快速按照原有程序恢复原状，如此乳房就会疼痛。

由此可知，房事后的乳房痛往往与你的性生活不和谐有关。

这种疼痛的防治办法只有一个，那就是让自己的男友做好房事前后的“铺垫”——如抚摩、亲昵等，尽量让性生活趋于和谐。

颈椎病、带状疱疹等都有可能引起乳房疼痛

我在门诊常常会遇到一些乳房疼痛患者，其病因并非在乳腺，而是在于其他病症。譬如颈椎病、肋软骨炎、带状疱疹、心脏病等等。

乳房疼痛，病在颈椎

曾有患者来门诊找我看病，说是乳房疼痛，很担心，让我赶紧给她做 B 超。但我发现她时不时地捶捶自己的颈部，便没有马上给她做检查，而是仔细摸了摸她的颈椎，又摸了摸乳房，便笑着拍拍她："没事，乳房没事，你是颈椎有问题！"

"啊？不会吧，王医生，你是不是搞错了，还是给我检查一下吧！""真没事，你是不是颈、肩、胳膊都疼痛啊？"

其实，门诊中这种情况很普遍，这些患者一般都是伏案工作一族，长期颈椎受损、疼痛也不当回事。等到某一天感到乳房也疼痛起来，才会前来就诊。

有一种乳房疼痛，原因在于颈椎退变，颈神经根受累。多为单侧性、慢性，而且一般还伴随有胸大肌触压痛，以及颈、肩、臂部都感觉疼痛。

这种疼痛的程度多与颈部病变位置有关，X 线检查会发现颈椎有退行性病变的征象，而乳房没有任何异样。所以对于患有颈椎病的姑娘，当你出现乳房疼痛时，可能需要同时检查一下颈椎。

乳房疼痛，病在胸壁或肋骨

乳房疼痛的原因也可能在于胸肌或肋软骨炎症等胸壁疾病，乳

房多表现为灼热或牵拉感，也可有刺痛，压痛部位几乎一直位于一侧。肋软骨炎一般表现为近乳头内侧疼痛。

乳房疼痛原来是带状疱疹引起的

我有一位在药房工作的同事，突然感觉乳房疼痛难忍，吃了几天的乳癖消，没有效果。我一看，原来是乳头下方长了一片水泡，带状疱疹出现了，给她用了抗病毒药物后疼痛慢慢就消失了。带状疱疹是由带状疱疹病毒所引起的急性感染性皮肤病，常伴有明显的神经痛，是一种放射性的连带周边区域的痛，让人痛的受不了。

带状疱疹在早期的时候，皮肤表面无任何症状，很容易被怀疑为乳腺疾病，一般过个五六天之后，有的人是十多天之后，皮肤上会出现一片密集的小水泡，类似水痘的东西。

我有一个患者是个老太太，之前做过乳腺癌的手术，后来感觉后背又开始疼起来，疼得胳膊都抬不起来，以为是癌症复发转移了，很担心，后来过了5天，带状疱疹在后背长出来了，才知道是这个“家伙”在捣乱，用了抗病毒药物就好了。

并不是患上乳腺增生就要吃药

很多女生患乳腺增生后，本来就很紧张，到了医院后，医生又说得很严重，就更增加了自己的心理负担，于是就开始要求用药，实际上，有些轻微的乳腺增生是没有必要吃药的。

有些医生习惯给乳腺增生病人开很多药物，包括“三苯氧胺”！但很多病人却都不知道，“三苯氧胺”是乳腺癌术后的常规用药，之所以对增生治疗很有效，是因为它的主要作用是拮抗雌激素受体。

所谓的雌激素受体是指体内雌激素要发挥作用，必须与相应受体结合，打个比方，钥匙开门须与锁配对，雌激素就是钥匙，雌激素受体就相当于那把锁。而“三苯氧胺”就相当于一块胶布，封闭了锁的口，自然钥匙就打不开锁了，当然也开不了门，雌激素就不能发挥作用了。

所以说，如果你没有对自己的内分泌系统进行全面的检测，最好不要用这种药。如果你一旦被医生诊断为乳腺增生之后，并不需要特别紧张，调整心情，别太劳累，多运动，定期复查就可以了。

不要随便去切纤维腺瘤

奥菲是一家杂志社的编辑，工作能力非常强，雷厉风行，说一不二，但她也有自己的难言之隐，就是一直纠缠着她的“纤维腺瘤”。

奥菲第一次发现自己有纤维腺瘤，是在一家医院，检查后医生建议她切除，并阐明只是个小手术，并无大碍。没怎么多想，奥菲就做了手术。

但半年不到，奥菲觉得乳房不舒服，又去一家医院检查，得知里面又长出了纤维腺瘤，担忧之下于是再次进行了切除手术。本以为这已经是终点了，谁知 1 年以后，在体检中又发现了纤维腺瘤！她来找我看病，只见 27 岁的女孩面色灰败，我当时只想对她说，“你就不该切那第一刀啊！如果你懂得一些纤维腺瘤的知识，它没准可以与你和平共处的！”

我有一个小侄女，从 16 岁就开始发现右乳外侧的纤维腺瘤，当时就在市里的医院切了，做的美容切口，没有什么疤。第二年，又在右乳内侧发现纤维腺瘤，就问我，怎么办？我说没事儿，你那个也不大，活动自如，就别切了，老是切，切了还长啊！后来她就没切，一直观察着。之后又发现左乳长了一个，这时候她已经 24 岁了，到了结婚的年龄了，问我怎么办，能结婚哺乳吗？我说没事，结吧！

小侄女结了婚，生了孩子，喂了奶，神奇的是，左乳的纤维腺瘤自然消失了，右乳那个也变小了！

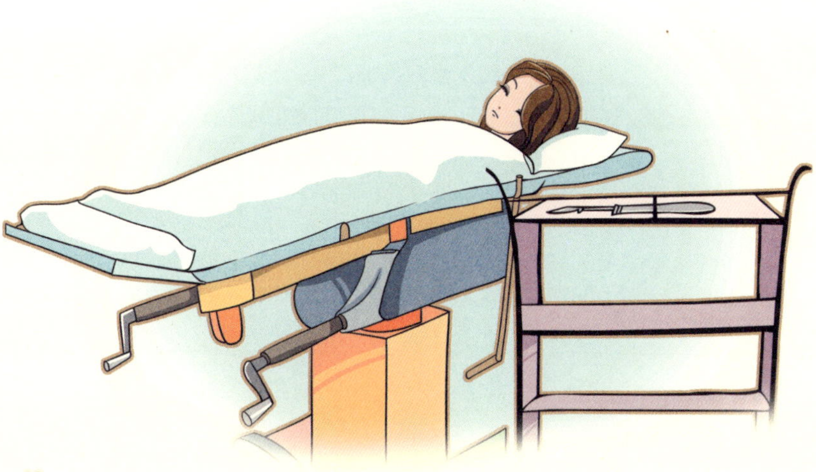

把 1.5cm 以上的纤维腺瘤切除后再怀孕

纤维腺瘤产生的原因首先是雌激素水平失衡，过度刺激导致乳腺导管上皮和间质成分异常增生形成腺瘤；其次是有些乳腺组织对雌激素敏感性较高，这部分组织得病几率大大增加；另外还有一些饮食、遗传等方面的原因，都使得雌激素增多。

尤其需要注意的是，18 ~ 35 岁的女性卵巢功能旺盛，性激素也处于活动期，因而罹患乳腺纤维腺瘤的几率大大增加。如今我接诊的门诊患者，患纤维腺瘤的很多，她们都没有什么特殊症状，就是感觉肿块像一个“玻璃球”那样，还会滚动。还有一些女孩，吃了避孕药而导致长了纤维腺瘤。

纤维腺瘤如果长得不快，可以观察，定期复查就行，只有到了非割不可的时候才能割。值得提醒的是，如果想要怀孕的女孩子，乳房内的纤维腺瘤达到 1.5cm 以上，请手术后再怀孕，因为怀孕后激素水平会升高，它会长得非常快！

早发现早治疗，乳腺癌其实没那么可怕

阿莲来门诊找我复查，大约 5 年前，她在我们医院做了乳腺癌手术，我是她的主治大夫，那时我们都很担忧，同样也心怀期待，因为阿莲的癌变发现得早，治疗也及时，生存几率极大。术

后的5年期间，阿莲定期来找我复查，从未复发。如今，5年期限已过，我给阿莲检查完，忍不住拥抱了一下她："阿莲，恭喜你！"阿莲一下跳起来，抱住我大哭起来！

乳腺癌是乳腺恶性肿瘤当中最多见的，是人体实质性肿瘤当中治疗效果最好的一种，因为它是体表肿瘤，可以在早期发现。另外，它治疗的方法很多，一般长期生存率在70%以上，并且只要度过了5年的危险期，基本就可以放下心来了。

乳腺癌切除手术包括：

（1）单纯乳房切除术，即乳房切除时腺体全切掉了。

（2）保留胸大肌，把腋窝淋巴结和胸大肌的淋巴结扫除。

（3）切掉胸大肌胸小肌。

（4）切掉软骨部分。

（5）切除胸骨旁的淋巴管，小血管周围的淋巴结等。

……

所以对于早期乳腺癌，治愈的几率是非常大的，它其实没有那么可怕，并不是你所想的一发现乳腺癌就要切除整个乳房。

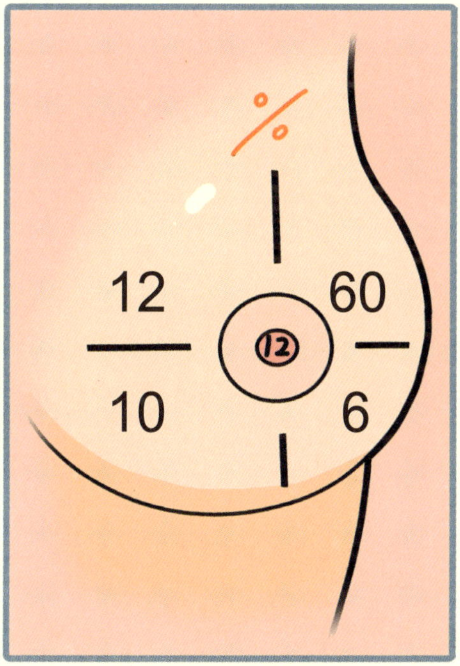

乳房各部位肿瘤发病几率

发现乳腺癌后怎么治疗最好

有一个内蒙来的乳腺癌患者小梅，在当地医院检查后发现乳腺肿块，医生建议立即住院做手术，家人考虑后觉得还是多去几家医院可能有不同的治疗方案。我接诊后建议先做乳腺肿瘤穿刺活检定诊，若为恶性，且评估为中度以上复发转移风险需要化疗者，建议术前化疗。

我之所以建议先做穿刺活检，在术前进行化疗，原因有三：

1. 术前化疗相当于提前在体内做药敏试验，有利于了解最适合病人体质的方案；

2. 增加保乳成功率；

3. 如果术前治疗能将肿瘤全杀灭，那么预后就方便很多。

一般可以术前化疗数程后再手术治疗，术后依据患者情况进行其他治疗。术前化疗的缺点在于少数患者对首选方案耐药，即对术前化疗的敏感性不高。

另外还有一种治疗方案就是“手术切除”，即术中快速病理定诊，恶性者改做大手术，这种方案受到基层及地方医院青睐。现在国际上主流治疗观点倾向于先穿刺，再治疗，我个人也更倾向于此，认为应该等病理结果出来再做决定。

对于乳腺癌来说，如果没有及时发现，一般一经发现就已经是全身性疾病，因为身体的循环运化会导致全身都已存在肿瘤细胞，甚至有些恶性细胞已经在定植生长，因而越早开始全身治疗越有利。所以说，手术只能控制局部，即使切了也不能表明就一切无忧了。

我觉得对于患者来说，既然决定做术前化疗，就应按照规范程序进行，不应该中途突然又改做切除手术。

其实一般情况下，只要方案有效，并且身体能够承受，我都建议完成该方案的所有治疗周期后再进行其他治疗。甚至我觉得可以考虑在术前完成所有化疗，争取能够在术前就达到病理症状完全好转的程度，即表现为触诊肿瘤缩小、软化、核磁共振增强扫描下肿瘤强化方式改变等。

治疗本身就不是以什么为主什么为辅，而是根据每个人的具体情况以及各阶段的治疗手段不同来界定，就如同手术是战争，化疗是经济制裁，一切治疗都是为了达到制胜的目的。

小梅按我们的治疗方案，保乳手术后度过了 5 年的危险期，现在依然健康。

第七篇

当妈妈啦！
我该如何爱自己的乳房

“在上个世纪40年代，我们村子里一户人家，儿子被炮打死了，儿媳也因病去世，撇下一个男婴。姥姥把这个男婴抱去抚养，最后，这个老妇人的乳房竟然又神奇地恢复了分泌乳汁的功能。”

——2012年诺贝尔文学奖获得者，作家莫言

“金水、银水不如妈妈的奶水。”

——流传千年的民间俗语

“怀孕一个多月后，我就发现自己的乳晕变大变黑了，上面的些微突起的小疙瘩好像沙丘，胀痛时的感觉就像风干，穿上衣服又痒又磨，所以偶尔也会觉得自己挺不幸，难道我还要连续求雨9个月吗？渐渐沉重的乳房和渐渐扩大的刺痛感，这个世界上很快又要产生一个新晋的伟大母亲，痛，在忍受的范围内。”

——蒋勤勤（著名影视演员），摘自《时尚健康》

- 准备怀孕时的乳房护理——孕前检查很重要
- 孕期保养有什么讲究
- 母乳喂养让你少得乳腺疾病
- 为什么哺乳可以预防乳腺癌呢
- 越早吃奶，好处越多
- ……

准备怀孕时的乳房护理——孕前检查很重要

佳佳和老公在北京打拼多年，终于拥有了自己的一个家，夫妻俩人商量着准备要一个宝宝，并且希望将来的宝宝能吃上健康的母乳。于是，曾在微博与我互动过的俩人来门诊找我，希望我能给他们一些帮助和建议。

我告诉她，在准备受孕的时期，就要注重调节自己的饮食，就如同我在前面的篇章所讲到的那样，饮食均衡，忌油腻、大补，多吃蔬菜、水果、杂粮……大自然赋予的应季食物就是身体最好的滋养品，也是乳房所喜爱的。

尤其要知道的是，在孕前 3 个月的时候，必须去医院做一次乳房全面检查（钼靶除外）。主要是排除有无乳房肿块，乳腺增生和其他乳腺疾病。其原因在于如果存在乳腺疾病又怀孕了的话，受激素水平的影响腺体会二次发育，肿块长得更快，这时候不仅影响产后哺乳，对宝宝不利，还会产生很多手术带来的不良后果，流血、宫缩、心理压力大……

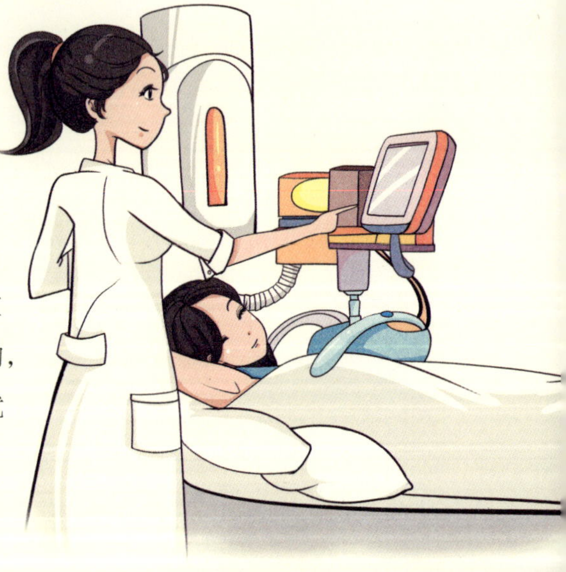

如果发现乳腺增生，或者原有增生状况未得到改善，不要担心，如果情况不严重就不需理会；反之则需要治疗，但应尽量采取中药治疗，不要用激素。若是纤维腺瘤，就像我前面讲到的，在 1.5cm 以下且不粘连，多年不变，就不必在意，如果粘连，就要采取措施，否则孕后由于激素水平的变化，腺瘤

会急剧增大，可能带来不良后果，也为哺乳带来不便。

还应该要求做一个彩色超声检查双乳腺，这个结果比常见的乳腺红外光的透照检查要有效。因为红外光透照比较容易忽略深部肿块，也不能测量肿块大小。

只有检查完发现乳腺没有问题后，女生们才可以放心怀孕了，为了将来可爱的宝宝，一定要记得对自己的乳房负责到底，不要让它中途出故障。

孕期保养有什么讲究

林婷是我微博粉丝，经常在我凌晨时分还在回答网友问题的时候，嘱咐我早点休息，注意身体。某天我打开微博，弹出一条私信："王医生，我怀孕啦！好开心！我希望自己的宝宝可以吃母乳，但这十月怀胎真的历经艰辛，前两天我洗澡时发现乳房出现了肿块，我该怎么办？想去治疗又担心对宝宝不好。"

我告诉她，自受精卵着床的那一刹那起，由于体内荷尔蒙的改变，乳房也会发生相应变化，其作用是为将来哺乳早做准备。准妈妈的乳房会充分地发育，增大迅速，尤其是前5个月，可能会比平时大1倍之上。与此同时，乳头变得坚挺发黑，乳房会产生胀痛感，皮肤纤维可能断裂，出现类似妊娠纹的东西。

因此孕期对乳房的保养是有很多学问的。

首先是文胸的选择。要注意文胸不能只穿一半，大小必须能完整地托住乳房；千万不要穿带钢托的文胸，因为孕期腺体增长特别快，钢托文胸会挤压腺体，造成乳路不通，乳房肿胀。

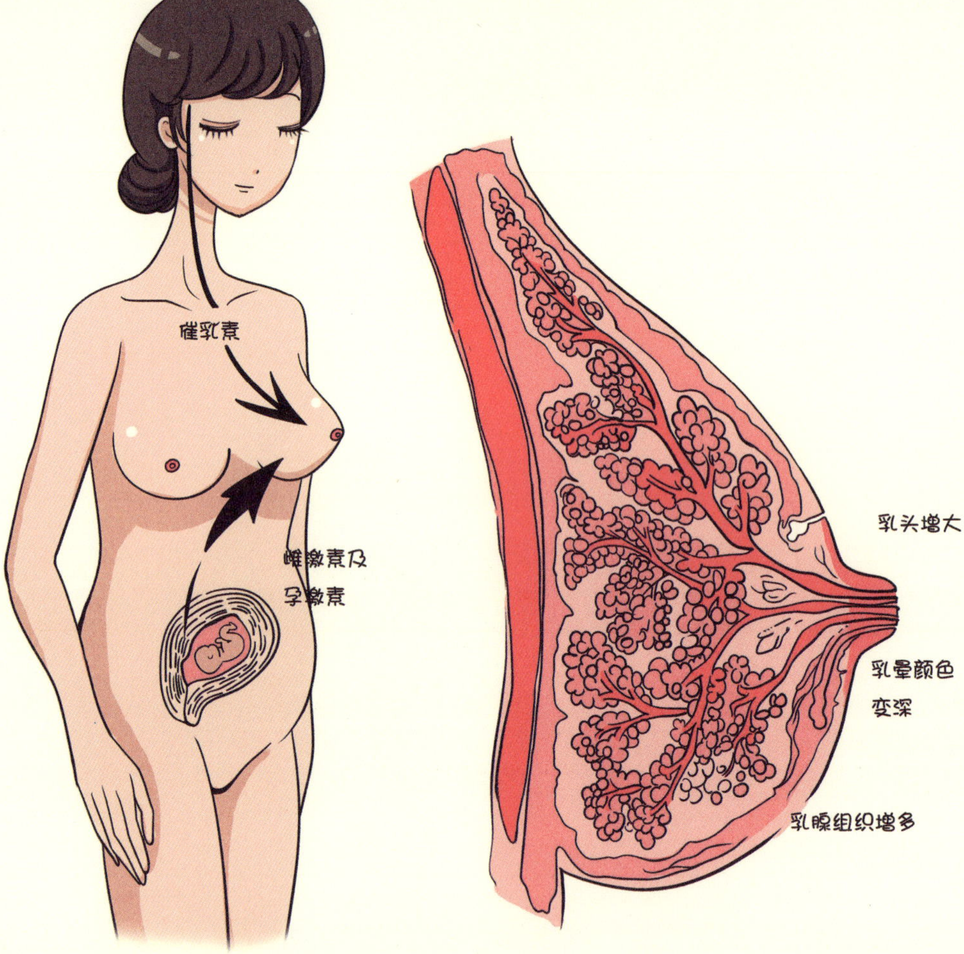

怀孕时乳房的变化

其次是饮食方面。准妈妈们要适当地增加蛋白质的摄入量，不要吃过多的脂肪类食物，高糖的东西也要少吃，尽量饮食多样化。

再次，如果平时发现乳头出现分泌物或者黄色的结痂，不必过分担忧，用消毒纱布蘸生理盐水清洗即可，不要用酒精擦拭；要引起注意的是，如果发觉诸如乳房急性红肿热痛、血丝性乳头分泌、乳头龟裂及皮肤溃疡，那就不可等闲视之，应立即就医确诊。妊娠中的急性乳腺炎甚至乳腺癌虽说比较罕见，但也不能掉以轻心。

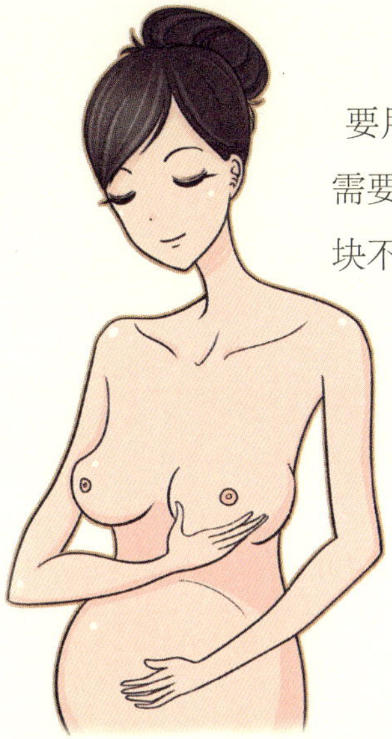

另外，如果孕期发现乳房肿块，只要非异常，那就不要用药，观察即可；如果肿块异常，或是增长迅速，就需要就医或者手术，我在门诊遇到过很多孕期发现恶性肿块不得不割爱引产的患者，非常痛苦。日常生活中不要刺激乳房，也没必要过度关注，定期洗澡，以清水清洗乳头，保持愉悦的心情很重要。

母乳喂养让你少得乳腺疾病

众所周知，母乳喂养样对宝宝非常好！吃母乳长大的宝宝，更聪明、健康、漂亮！但同样的，母乳喂养对妈妈也是好处多多，让很多的乳腺疾病远离你。

轻度乳腺增生，怀孕哺乳就可以治疗

乳腺增生是局部的腺体在增大、增生，如果是轻度的乳腺增生，女孩们千万不要担心，怀孕哺乳就可以完全帮你治愈！

怀孕后，人体的激素水平会发生变化，所有的腺体都会增生、增大，开始为哺乳打下基础，因而可以说，哺乳期是没有“乳腺增生”这一病症的。

所有腺体的增大、增生，使得原本那些增生的腺体并无特殊可言，等于说怀孕后所有的腺体大小都基本相同，也就没有增生这一说了。如果原来那些增生的腺体还在骄傲的话，那在此等情况下，

就没什么可耀武扬威的了！

此时所有的腺体都正常了，没有高低贵贱之分了，等到哺乳完之后，3 ~ 5 年都不会发生乳腺增生了。

但如果是太严重的乳腺增生，不去治疗的话，可能产后出奶的时候会受到一点障碍，因而严重的乳腺增生怀孕前还是需要进行治疗。

一个女人的乳房在没怀孕、哺乳之前是花蕾，只有经历这个过程，这朵鲜花才算盛开。

纤维腺瘤变小了

为什么会长瘤呢？长瘤就是因为有不通的地方，经络或者是乳房内部有瘀积的地方。哺乳后，通过乳汁的排流，可能瘤都会散结开了；或者可以说，是由于哺乳后激素水平发生变化，腺瘤变小了。

为什么哺乳可以预防乳腺癌呢

前面说过，有一位患者的妈妈说了一句非常有道理也非常通俗的话，“现在乳房这块儿地啊，用的少了，不让长苗了，它就长草了”。

女人天生的乳房就是用来喂养后代的，具有本身的泌乳功能，你却没让她发挥作用，它就有可能长一些乱七八糟的东西。其实，现在乳腺癌的高发病率，跟生孩子少，哺乳少也有一定关系。

母乳喂养首先消耗乳房里在孕前、孕期积累的脂肪，哺乳完毕之后乳房就恢复正常；再就是燃烧全身脂肪，都转变成乳汁了，转移到宝宝胃里了，宝宝长得更强壮了，妈妈形体也更美了。

另外，母乳喂养还可以促进妈妈催产素的分泌，从而促进子宫收缩，帮助妈妈早日恢复，减少产后并发症，甚至还能降低卵巢癌的发病机率。

越早吃奶，好处越多

有人问我，王医生，宝宝一出生就可以吃奶吗？我说，每个妈妈在宝宝一出生就会有母乳的，不存在没奶水，而是奶水多或少的问题。没有一种说法认为应该等上 3 天奶水足了再喂，宝宝一出生就应该喂他吃奶，初乳颜色有点黄黄的，滴滴金贵。

初乳是指产后 7 天的乳汁，里面的抗体是人工合成不了的，是黄金买不到的东西，宝宝吃了这样的奶 6 个月内基本不会生病。所以，7 天之内的奶尽量不要丢失。

对妈妈的乳房来说，越早吃奶，好处越多。越早给乳腺、大脑发信号，将来的泌乳量就越正常，就不可能有乳汁淤积或乳腺炎，或者说会降低这些病的发病率。并且妈妈的焦虑也少，宝宝也吃得舒心，自然方方面面都好了。

乳腺炎、乳头痛、脓肿，原来都是孩子“抱”错了

我曾经接诊了一个产后 46 天的妈妈，她乳房胀痛、乳汁少、乳头疼、宝宝吃吃停停，一次奶要吃一个小时，宝宝体重增加不多。我检查后发现，乳头被宝宝吸吮地扁扁的（吸吮姿势不当造成的）、乳房很重（乳汁很多），我断定这个妈妈抱孩子的姿势错误，喂奶姿势不对。当天下午我让她把宝宝抱来，纠正姿势后，宝宝吃得很好，妈妈乳头不疼，乳房不涨，20 分钟宝宝吃得小肚子鼓鼓的。姥姥、妈妈满意地笑了，宝宝也舒舒服服地进入了梦乡。

如今很多的新妈妈都是 80 后、90 后，独生子女居多，学习、工作占据了她们生活的重心，很少有人关注抱孩子喂奶这样的事情。生产后，双方的父母又都把产妇和婴儿宠得像宝贝一样，母婴接触

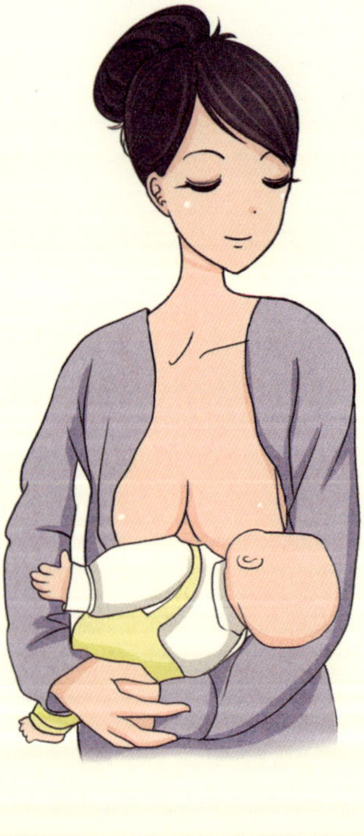

的机会非常少，还有些新妈妈觉着宝宝软软的不敢抱。我还曾见过月嫂抱孩子，妈妈两手下垂着喂奶的情景。

门诊中约有一半的年轻妈妈抱孩子姿势错误，不仅会出现乳汁淤积，乳房胀痛，严重的甚至导致乳腺炎。乳汁是最好的细菌培养基，一直存储在乳房里出不来，乳房自然会出问题，若是乳腺炎再没有及时治疗，就会发展成脓肿，需要切开引流。

抱孩子看似很简单，其实当中大有学问。不同的月龄，抱孩子姿势也有所不同，一般以 3 个月、6 个月、10 个月为抱姿的区分点。尤其是 3 个月以内的新生儿，抱姿尤其重要！

抱孩子其实是一种非常放松、自然的状态。宝宝的鼻子离开妈妈的乳晕一个手指的距离，让他眼睛看着妈妈，这样，乳汁就会顺畅地进到宝宝的嘴里；同时妈妈把身体往后仰一点点。

即使乳汁不足，也要坚持让宝宝勤吸乳头

曾有一个妈妈对我说：“我奶水不够，宝宝饿得大哭大闹，不添加奶粉不行呀！”

真的是这样吗？你的奶水真的不够吗？

我想说，不是你的奶水不够，而是你不够坚持。长此以往会导致乳汁淤积和乳腺炎，因为你没有经常有规律地让宝宝吸吮，你的奶可能就憋在乳房，憋成了乳腺炎。所以说，要定时地让宝宝吸吮，如果宝宝不在身边，也要用吸奶器将奶吸吮出来。

很多妈妈在生下宝宝的头 1 个月内，宝宝不吃的时候感觉胀奶，

要吃的时候乳房又干瘪了，这个时候妈妈们就会以为自己的奶水不够，其实不然，这是由于宝宝和妈妈之间没有达成默契的缘故。

此时即使乳汁不足，妈妈也要坚持让宝宝勤吸乳头，刺激乳腺，这样，通过神经，大脑就会知道妈妈这次分泌的乳汁不够宝宝吃的，就会“支配”乳腺，下次分泌更多的乳汁。一次又一次，妈妈的奶水就会逐渐接近直至满足宝宝的需求。一般 1 个月左右以后，妈妈和宝宝的供需就能达到平衡。

可是在这个过程中，许许多多的妈妈都没能坚持下来，一方面她们觉得麻烦，另一方面又以为自己的奶水真的不够，于是在家人的劝说和对宝宝的愧疚中，匆匆给宝宝添加了奶粉。

宝宝吃奶粉吃饱了，就不再积极吮吸妈妈的乳头，妈妈也安心了，终于不用那么麻烦了，于是大脑就不再“支配”乳腺去生产更多的乳汁，长此下去，乳汁一次比一次少，宝宝也渐渐适应了奶粉的味道和奶瓶的感觉。

母乳的产量控制权由妈妈掌握

妈妈问：

王医生，我的奶比较多，堵了几次，在您那儿治疗过。通了后，听您的建议没有挤奶，奶量有所减少。但我听有经验的人说，一般哺乳期女性都是前 2 个月奶量不太稳定，3 个月后就稳定了，但奶量很难有所增长。那如果是这样的话，我宝宝以后会不会奶不够，我是不是一定要挤奶才能保证奶量呢？

还有一个问题，供需平衡挺难达到的。我宝宝早上需奶量不大，但下午洗澡后和晚上睡觉前都会大吃一顿，得吃1个多小时，这时候一般会觉得奶量不够充足。如果保证这两顿充足，其他几顿乳房就会有些微涨。微涨的情况下，需要挤奶吗？不挤的话，每到这两顿的时间大脑会及时发出信号，供应较多的奶量吗？比较苦恼这个问题。

王医生答：

随着宝宝月龄的增加，你的奶量就会增加。母乳的产生就是个供求关系原理，多吸就多产，少吸就少产，这个控制权在妈妈的手里。孩子的吸吮就好像在给母亲的身体下订单，吸吮的次数多了，力度大了，妈妈的身体就接收到生产更多乳汁的信号，而泌乳量与宝宝的需求量达到供求平衡的过程需要循序渐进。“排空”这个词是用在需要增加产奶量的时候或乳腺炎和乳汁淤积的时候，正常情况下宝宝吃完了不用往外挤奶。中国五千年的母乳喂养规律不要从此改变。我推崇一句话：自然的就是科学的，不要人为地干预它。

宝宝吃奶时间长，只需熬过一个月

优优妈问我：“我家宝宝为什么一吃奶就要2个小时啊？都快累死我了！是不是宝宝吃不饱啊？”相信优优妈的情况是大部分妈妈都会遇到的问题。有时宝宝一上午都黏在妈妈身上，不停地要吃。

其实很多妈妈都会遇到这样的情况，宝宝太小，吮吸的能力弱、力量小，而妈妈起初的奶水又不多，所以宝宝常常吃着吃着就累得睡着了。等宝宝长大一点就好了，这时宝宝的劲儿变大了，妈妈的乳汁从开始的初乳变成成熟乳，宝宝能够吃到足够的、高脂肪含量的后乳，自然吃奶的效率越来越高，吃奶的间隔也会逐渐变长。所以妈妈们只要熬过第一个月，所有的情况就都会好转的！

涨奶出现硬块、乳头有白颗粒怎么办

妈妈问：

王医生，您好！我家宝宝2个月了，我自己奶水一直很充足，但是老堵，且涨奶出现硬块，挤也挤不干净，中途整通过一次，但隔几天又堵上了，现在是动不动就有大块的硬块，乳头有白颗粒，整个乳房都难受。是乳腺增生吗？我要不要找人来揉揉乳房？

王医生答：

这个问题是乳腺导管内壁受损导致的乳汁淤积和乳房肿块，白白的硬颗粒就是导致乳管受损的罪魁祸首，不是乳腺增生。你以后一定要注意饮食清淡，再出现肿块就看乳头有没有白点，如果有就旋转挤压乳头，白点破了，肿块就没了。

不要找人揉乳房，这是单纯挤压肿块，你可以把肿块想象成犯罪分子，想把他赶出你的乳房就要把门打开，乳头就是“门”，门都堵了你再怎么揉也出不去啊！希望我的比喻和描述你能明白。

乳头长“白点”怎么办

妈妈问：

王医生您好，我的乳头出现长“白点”的情况，按照您说的方法，先用酒精棉球擦，再用消毒纱布擦，但是这个白点怎么擦也没破，我不知道该擦到什么程度。我一般是在宝宝吃完奶白点很大很明显的时候擦，特别用力，也没破。我该怎么办呢？我乳头上的白点经常出现，而且像您说的还有硬块，只有一侧乳房存在这些情况，哎，特别痛苦，经常是钻心的疼啊！

王医生答：

乳头“白点”是由很多原因引起的，包括乳管内结石、乳腺导管破裂等等，看了你的描述，我觉得你一侧乳头很可能真菌感染，这种情况不适宜用酒精和纱布擦，涂点紫药水会有效果的。

“吸奶器”吸出血奶，还能继续喂孩子吗

妈妈问：

王大夫您好，自上次您帮忙通乳并指导后，乳房状况一直不错，偶尔有小硬块或乳头白点，自己都解决掉了。昨天中午用吸奶器吸奶，却突然出现血奶，检查乳头并没有破损。晚上我照常喂了宝宝，今早用手挤奶没有出血。现在乳房有痛感，自检没有硬块，您说我还能继续喂孩子吗？

王医生答：

以后用吸奶器要注意，不要吸得太厉害，吸出血奶是把小血管损伤了。你这种情况没有大碍，宝宝照样可以吃奶。

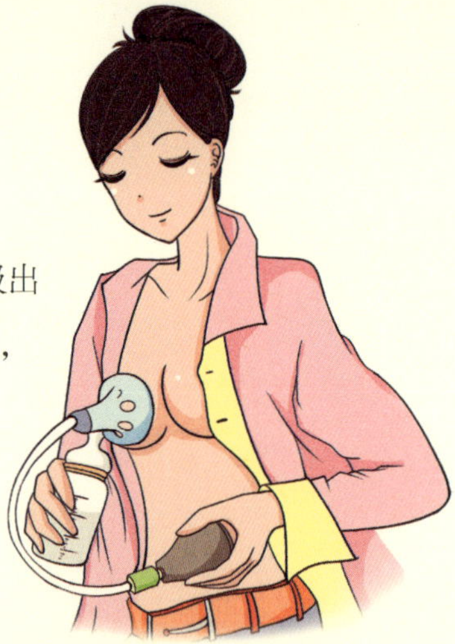

哺乳期乳房痛是什么情况

妈妈问：

王医生您好，我的左乳经常会有刺痛感，而且乳头一碰就很疼，请问我会不会有乳腺炎？还有就是我的母乳不是很足，白天的时候奶量还凑合，到了晚上宝宝临睡前奶水就根本不够。我想求助您一下。

王医生答：

没有发烧就不是急性乳腺炎，乳头疼有很多种原因，根据你的描述感觉是乳腺导管不通引起的，乳腺导管不通也是导致乳汁不足的主要原因。不要吃得太油腻了，疏通乳腺导管后疼痛感就会消失了。

乳头皲裂，宝宝吃奶时候疼痛，怎么办

妈妈问：

王医生，我家宝宝快 4 个月了，我的乳头都要裂开啦！每次宝宝吃奶我都疼得要命，吃完也疼。

王医生答：

如果乳头皲裂很厉害，可以去医院开一种外用药“重组人碱性成纤维细胞成长因子”，效果很好。适合迁延不愈，裂口比较深，宝宝月龄比较大一些的妈妈，刚产后的乳头表皮皲裂不太适合用此药。另外，乳头皲裂很容易诱发乳腺炎，宝宝每次吃奶前后用淡盐水清洗一下乳房。

分辨乳管堵塞和乳腺炎：你发烧了吗

妈妈问：

如何分辨乳管堵塞和乳腺炎？

王医生答：

乳管堵塞指的是乳房中出现疼痛点或者硬块（“结块”现象也往往一次只在一侧乳房发生），原因在于某处乳管没有完全疏通，堵塞处后方压力增大，周围软组织发炎肿胀。乳管堵塞的妈妈一般不会发烧。

如果疼痛和硬块伴随着发烧以及流感似的症状（疲倦、酸痛等），这就是乳腺炎，还有可能出现恶心和呕吐。乳腺炎往往一次只在一侧乳房发生。哺乳妈妈的家人如果突患感冒或流感，她也可能会患上乳腺炎。

乳管堵塞和乳腺炎的治疗方法一样：疏通、按摩使其通畅，多休息。出现这两种病症通常表示妈妈过于操劳，过度疲惫。

哺乳期乳头疼痛，找准原因是关键

妈妈问：

哺乳期乳头疼痛的原因有哪些？

王医生答：

初次进行母乳喂养的妈妈基本都会出现乳头疼痛，可能在刚开始喂奶的几天，宝宝一含上乳头就疼，但如果喂奶时非常疼或疼的时间很长了，就不正常了，这就表明你需要做些改变。

我认为，乳头疼痛的首要原因是宝宝吃奶的方式不对，一般改善和纠正之后就好了。妈妈们也可以试试挤一点儿初乳，轻轻地擦在你的乳头上，看看疼痛是否能改善。

宝宝含得对吗？宝宝应该含住的不仅是乳头，还有大部分乳晕。如果你做起来很有难度，最好去咨询医生，找到宝宝正确的吃奶办法。

宝宝的嘴巴张得足够大吗？如果宝宝含住乳头时嘴巴没有张大，可以把手指放进他的嘴角，中断他的吮吸，让他的嘴巴离开乳房，之后再重新开始吸。千万不要强行将你的乳头从宝宝嘴巴里拽出来，那样非常疼。

宝宝的嘴唇位置正确吗？有些宝宝吃奶时下嘴唇顶着乳头和乳晕，这样也不对，妈妈乳头会非常疼痛。

断奶前乳房要注意什么

妈妈问：

王医生，我的宝宝马上就要 1 岁了，我的乳汁也少得可怜了，打算等他周岁之后天气转凉了就断奶。不知道该注意些什么？是要提前吃维生素 B6 吗？开始断奶后还要用吸奶器吸吗？得益于您的指导我整个哺乳期都没有患乳腺炎，真希望断奶也能够顺利。

王医生答：

不用提前吃维生素 B6 片剂，既然奶已经很少了，断奶一定会很顺利。想断奶就不要用吸奶器再吸奶，每天 60g 炒麦芽煮水，喝 3 天。断奶时尽量避免挤、压、碰、撞，一般不会患乳腺炎。

白天上班，应该吸奶吗

妈妈问：

王医生您好，哺乳真是不同的时期有不同的问题啊！现在宝宝7个半月了，我已经上班了，白天宝宝在家都是喝奶粉，我感觉奶量少了很多，一整天不吸奶也不会涨得难受。想请教您，在这种情况下我白天还应该吸奶吗？如果不吸等到晚上回去直接喂宝宝，乳房里存了一整天的奶质量会不会很差？如果长此以往奶量会不会变得更少？

王医生答：

你好，白天应该吸奶一到两次，否则，奶将越来越少。

断奶前应该清理乳房内的一些脂肪颗粒、衣服纤维吗

妈妈问：

王医生您好，想向您咨询下，听说通过按摩可以排出乳房内的一些脂肪颗粒、衣服纤维等，并且断奶前应该进行一次这样的清理，比较有助于乳房的健康，是这样吗？

王医生答：

说的很对，有条件的话断奶前应该清理一下，减少将来患乳腺病的几率。如果这些脂肪颗粒和衣服纤维不在哺乳期清理出去，会

刺激乳腺导管脱落一些角细胞，将来患乳管内乳头状瘤、乳腺导管扩张症、乳房肿瘤的几率很高。

不想乳房胀得像个石疙瘩，就早早开奶

妈妈问：

王医生，我想知道开奶是不是越早越好？有哪些技巧呢？

王医生答：

开奶早当然对乳房比较好。越早开奶，乳房胀就越不明显；开奶太迟，乳汁就淤积在乳房，乳头也越短，宝宝吸不出来，就会产生乳汁淤积。

我曾有一个患者，因为开奶太迟，导致乳房胀得跟石头一样，出现了产后抑郁症，站在窗户上要跳下去，多亏她老公发现得早。我给她治疗，将乳头通开，然后把奶疏通出去，立刻就好了。

“太平公主”也可以喂饱宝宝

即使你是一个“太平公主”，也不要对母乳喂养没有信心。如果你“波涛汹涌”，那就更不要担心自己的咪咪中看不中用。很多新妈妈都不相信自己的乳汁足够宝宝的营养所需，其实不论乳房的形状、大小如何，都不影响它产奶，往往小乳房会有大惊喜。

吸吮要趁早，勤吸才有效

看着刚刚顺产出来的宝宝在自己的身旁，睡得美美的，你不要不忍心打扰他，出生后1小时内婴儿的吸吮反射最为强烈。所以我建议新妈妈产后半小时就开始哺乳，就算宝宝吸不出乳汁，也能促进妈妈的乳汁分泌，这样妈妈以后的乳汁才会多。

如果你是剖宫产，产后昏昏欲睡，对哺乳没有一点兴趣，要记住，强打起精神，侧身把乳头送进宝宝口中，小家伙用力地吸吮会促进你的母爱和乳汁一同“分泌”，将来的乳汁量就不愁啦！

刚生完宝宝千万不要马上进补“下奶汤”

有的新妈妈开奶时，还没有通开乳管，奶就下来了，乳房涨得像个石头疙瘩，难受得要命。这时，你可以这样做：轻揉乳头，再揉乳晕，温毛巾擦一擦，将乳头送到宝宝嘴里，吸吮一会儿乳管就通了。

值得注意的是，刚生完宝宝千万不要马上进补汤汤水水，等到乳管通了，再吃也不迟，尽量不要选择太油腻的，尤其是猪蹄汤，要拒绝，它里面的胶质纤维人体吸收不了，会堵塞导管，导致乳腺炎。

急性乳腺炎后应立即停止哺乳吗

妈妈问：

患上急性乳腺炎后需要停止哺乳吗？

王医生答：

一般不需要停止母乳喂养，因为母乳是宝宝最好的食品，停止哺乳不仅影响宝宝的生长发育，还会增加乳汁淤积的机会。所以，在乳房胀痛、局部皮肤发红甚至化脓时，可以患侧停止哺乳，并用吸奶器或以常用的挤奶手法，尽量排尽乳汁；但与此同时，宝宝仍然可以吃另一侧乳房的母乳。只有在感染严重、脓肿切开引流、发生乳瘘时，才需要完全停止哺乳，并积极遵照医嘱回奶治疗。

第八篇

特色诊疗室：三十年临床经验，常见乳腺问题解答

“柔和有时比风暴更有力量。我们的声音柔和了，就更容易渗透到辽远的空间。我们的目光柔和了，就更容易轻灵地卷起心扉的窗纱。我们的面庞柔和了，就更容易流畅地传达温暖的诚意。我们的身体柔和了，就更容易准确地表明与人平等的信念。”

我很喜欢作家毕淑敏女士的这一段文字，也常常将她所表达的理念运用到工作中。做乳腺科医生这么多年，很多时候我发现，患者都是很脆弱的，柔和地对待她们，真诚地给予她们关爱，让她们感觉被关注被呵护，被病魔折磨的灰暗天空会重现光亮！

体察她们的心灵有时候甚至比关爱她们的身体更为重要！

——王文华

- 男性也会患乳腺疾病吗
- 隆乳术的危害有哪些
- 关于安吉丽娜・朱莉的答复
- 乳头溢液到底是什么病症，是否特别可怕
- 乳腺增生转变到恶性需要多长时间
- ……

男性也会患乳腺疾病吗

对于男性来说，在青春期和老年期最易患上乳腺疾病。其原因在于青春期男孩由于饮食不均衡，肉类食用多，造成肥胖，因而激素不平衡导致乳腺增生；而老年人则是由于患上肝脏病等慢性病，致使身体出现雌激素灭活障碍，体内剩余雌激素多，出现了乳腺增生。

对男孩子来说，其雄性激素会慢慢增多，可以抵消雌激素对身体的作用，因此不用在意，多吃蔬菜、水果即可；而很多老年人需要查查原发病，如果有恶变可能，则最好切除。

隆乳术的危害有哪些

丰胸霜是一个大大的陷阱

所有的丰胸霜都含有雌激素，并不像商家所宣称的那样，因为不含激素是不可能达到丰胸效果的。如果长期使用，乳房虽会增大，但一停止马上就会“打回原形”，并且雌激素含量的激升，会导致乳腺癌、宫颈癌、卵巢癌、阴道癌。并且有的不良商家在顾客使用丰胸产品产生疼痛不适感后，声称是正常现象，乳腺正在排毒，此种说法毫无依据可言，是非常不负责任的！

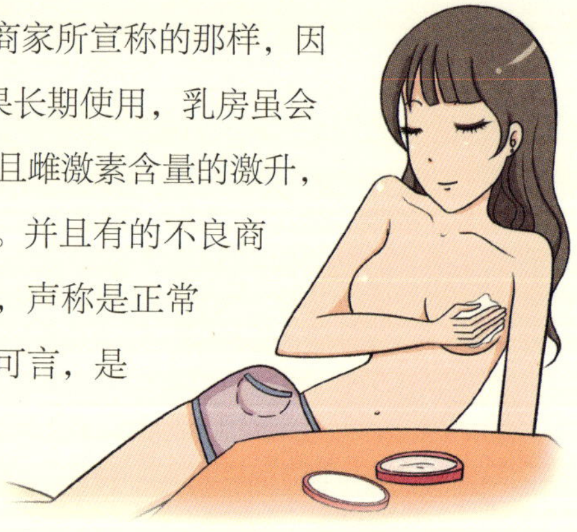

注射式隆胸的恐怖后果

不良反应包括：炎症、感染、硬结、团块、变形、移位、残留等后遗症，更有甚者会导致切除整个乳房。事实上，目前中国没有任何丰胸针剂获得审批认可。

人工植乳到底有多吓人？

造成感染，其中红、肿、热、痛为主要表现；不对称或者下垂，主要由于假体外形、大小选择不正确，另外，假体隆胸后的乳房依然会随着时间推移而下垂；出现巨大血肿，乳房增大、触痛、组织颜色改变。

关于安吉丽娜·朱莉的答复

近来门诊很多病人问我，好莱坞影星安吉丽娜·朱莉选择切除双侧乳腺，并进行乳房重塑的问题。

安吉丽娜·朱莉双乳到底切去了什么？

安吉丽娜·朱莉这个事情报道后，很多女性对乳房切除这个概念还不太了解，门诊经常有病人问我，是真的就把乳房全部切掉了吗，这个关注很正常，因为大家不太熟悉乳房的解剖结构，一听到乳房被切除了多少都会感到很恐惧。其实这个手术只是腺体切除，并不是切除整个乳房。打个比喻就是：房子还在，家具搬完了，今后再用什么来代替这个家具呢？就由人体自身的脂肪组织或假体植入，乳房再造塑形，如此才不会影响女性的特质和形体美。

这种做法是否科学？

我觉得，切除乳腺无法将患癌风险降低为零，且乳腺癌发病风险会随年龄增长而增大，再者如今基因检测由于价格昂贵并不能普及，切除双乳并进行乳房重塑保留乳头的手术难度又极大。因此我并不建议过早切除。

乳头溢液到底是什么病症，是否特别可怕

有一位眼科的刘医生，43 岁，来找我时说突然发现胸罩有血迹，一挤压乳头，大滴大滴的血流出来，我给她检查后确定是乳管内乳头状瘤，手术病理显示为良性，术后恢复很好。

如今，很多女性都会出现乳头溢液的问题，有的是黄色的液体，有的是血液……其实非哺乳期乳头有分泌物是一类常见问题。如果没有外界刺激自发出现分泌物，且只出现在一侧乳头，液中带血，此类情况有数据认为 45% 是乳管内乳头状瘤，15% 可能是乳腺癌，其他可能是纤维囊肿、乳腺导管扩张等。

乳腺增生转变到恶性需要多长时间

一般来说需要几年以上。当你发现良性病变的时候，并不等于说之前这种病变就不存在，因而之前的那些时间也应该算上，所以说具体的年份数不能精确。

临床上有的患者半年前说是乳腺增生，半年后就是乳腺癌，这有两种可能。一种可能是半年前就是很小的乳腺癌，摸起来像乳腺增生；另一种可能是半年前就是增生，但在这半年中增生发生癌变了，但至于增生是多久转变为癌的，我们也不能精确，因为半年前她发现增生，但在她没发现之前，可能已经增生一段时间了。

有的时候，增生与癌变的肿块是同时存在的。

吃中药有半年了，可是似乎没什么大的效果，是不是可以停药了

很多治疗乳腺疾病的中药，譬如乳癖消、消金丸、乳康片等等，如果服用最多三个月没有什么效果，就要停药。其实一般不需要半年，一般两三个月左右效果不明显的话就可以换药。

每一个人患病的原因不一样，心理、外界等等各方面都有可能是诱因；每个人对每一种药物的敏感度也不一样。所以一种药物如果无效就必须换掉或停掉，要懂得摸索着找适合自己的药物或其他治疗方法。

什么是保乳手术

保乳术是一种治疗乳腺癌的手术，就是既能保证切除肿瘤，减少转移和复发，又能将手术范围趋向缩小，尽量维护患者乳房的美观。其优点在于创伤小、痛苦少，兼顾了术后的功能恢复。

乳腺病引起的肩背疼是何因

很多乳腺病患者向我询问后背疼痛咋回事，起初我也说不清楚，后来通过专业知识的增加以及经验的积累，才知道了原因。

临床上看到乳腺癌的病人，很多都说后背也会疼痛，这实际跟神经有关。因为乳腺组织的覆盖范围很广，可延伸到腋窝及肩背，称为乳腺尾部，在月经前乳房胀痛的同时，肩背腋窝也可出现胀痛，特别是乳腺组织发育好，乳房较发达者患乳腺小叶增生后，胀痛延及腋下及肩背的就更明显。

治疗后，随着小叶增生的好转，乳胀、腋痛、肩背痛症状也同时都减轻。所以了解了乳腺组织的分布，就不难理解为什么乳腺小叶增生病会同时引起腋下、肩背痛，更不要担心腋下或背部的疼痛是乳癌转移而引起的了。

我没有家族病史，乳腺癌和我没多大关系吧

罹患乳腺癌的主要原因之一就是家族遗传因素。研究表明，如果母亲、姐妹等家庭成员中有患乳腺癌的，则本人发病几率比其他人高出 4 倍以上。

但没有家族病史，并不等于你癌症离你很遥远，你就可以高枕无忧地进入“保险箱”。因为如果你的家人中有罹患子宫颈癌或其他妇科癌症的，你也可能会受这种基因的影响，患上乳腺癌也说不定。又比如你一向身体素质差，免疫力低下，乳腺癌也会乘虚而入。所以说，如果存在这些因素，定期检查是万万不能错过的。

我有过哺乳经历，应该不会得乳腺癌吧

独身、未生育、或 35 岁以后才生育、40 岁以上未曾哺乳或哺乳不正常的女性患乳腺癌的比例较高，这是不争的事实。

但有过哺乳经历，并不能表明你永远不得乳腺癌，因为这种病的病因相当复杂。即使你有哺乳经历这个有利因素，但存在其他致病指数水平高的不利因素，那你的这个有利因素也敌不过这个高指数水平的不利因素，还可能有利变不利。因此，关乎乳腺的检查，不能存有半点侥幸心理、得过且过。

我的乳房一直都健康，怎么会得乳腺癌呢

每个人随着年龄的增长，身体的患病几率也会呈现发展的趋势，现在乳房一直健康，不代表以后一直也健康，这其中没有因果联系。月经初潮在 12 岁前、乳腺部位曾接受一定量的放射线或 X 光透视、平时蔬菜水果摄入量不够、经常摄取高动物性脂肪或其他高脂肪、过量饮酒、身材较肥胖，如果你属于上述情况中的一种，那就不能对自己的乳腺掉以轻心。上述情况的女性得乳腺癌的可能性也比一般人高很多。

永远不要在年轻时透支自己的健康

以前，45 岁以上、绝经期前后的女性最易患乳腺癌，但近年来，乳腺癌的患病人群越来越年轻化，我所接诊的 20 岁左右的乳腺癌患者也时不时出现，最年轻的患者只有 14 岁。所以，永远不要在健康面前炫耀自己的年龄，也永远不要在年轻时透支自己的健康。等到你身边最亲近的人甚至自己真的罹患乳腺癌，此时再后悔，可能已经晚了。

癌症与性格有关系吗

我们在日常生活中经常听到“癌型性格”一说，即“癌症病人常具有某些特定的性格特征”。癌症和性格真的有关系吗？

癌型性格，就是说这种性格的人比其他性格的人更易患癌。国外有学者认为：赋性懦弱，具有孤独、沉默、冷漠、内向、忧郁的人，即所谓C型行为者，相对比较容易罹患癌症，但也有研究资料认为这种说法有失偏颇。

根据我们临床病例显示，的确，不同癌症人群有着不同的性格或心理特征。有几类情况值得特别提出：比如，长期认真、拘谨、追求完美、不轻易表达自己情感，“打掉了牙齿往自己肚里咽”者，更容易患胃癌；又如，20岁上下的青少年最易患脑瘤与淋巴癌，而患癌者大多内向、固执、不好交往；还有，大多数大城市的女性乳腺癌高发年龄越来越低，多为28～35岁，这与她们长期处于高压的环境下不无关系。

所以，癌症与性格无必然联系，但性格又确确实实影响着癌症的发生。想要成为一个美丽又健康的女生，就要懂得聪明调节自己的性格，多与积极、快乐的人交往，从事自己喜爱的工作，纾解压力和情绪，多运动常发泄、每天开怀大笑。

图书在版编目（CIP）数据

乳房健康书／王文华著．
—南昌：江西科学技术出版社，2013.9
ISBN 978-7-5390-4815-4
Ⅰ．①乳… Ⅱ．①王… Ⅲ．①乳房－保健－基本知识
Ⅳ．① R655.8
中国版本图书馆 CIP 数据核字（2013）第 213442 号

国际互联网（Internet）地址：http://www.jxkjcbs.com
选题序号：ZK2013043　　图书代码：D13048-102

丛书主编／黄利　监制／万夏
项目策划／设计制作／紫圖圖書 ZITO®
责任编辑／龚琦
特约编辑／马松　李媛媛

乳房健康书　　王文华／著

出版发行　江西科学技术出版社
社　　址　南昌市蓼洲街 2 号附 1 号　邮编 330009
电话：（0791）86623491　86639342（传真）
印　　刷　北京联兴盛业印刷股份有限公司
经　　销　各地新华书店
开　　本　787 毫米 ×1092 毫米　1/16
印　　张　11
字　　数　80 千
版　　次　2014 年 1 月第 1 版　2015 年 7 月第 2 次印刷
书　　号　ISBN 978-7-5390-4815-4
定　　价　36.00 元

致谢：

www.bleach-feel.poco.cn（李雯静）
www.dayuphoto.com（大渔摄影）